I0876341

BIBLIOTHÈQUES FRANCOPHONES
sous la direction de Dominique Combe et Jean-Marc Moura
10

Série *Littérature québécoise*
dirigée par Élisabeth Nardout-Lafarge et Alessandra Ferraro
2

Le Cycle des réincarnations

Ouvrage publié avec le soutien du Centre de recherche interuniversitaire
sur la littérature et la culture québécoises (CRILCQ)

Gilles Dupuis

Le Cycle des réincarnations

L'œuvre transmigrante de Ying Chen

PARIS
CLASSIQUES GARNIER
2021

Gilles Dupuis est professeur titulaire au département des littératures de langue française de l'Université de Montréal et membre régulier du Centre de recherche interuniversitaire sur la littérature et la culture québécoises. Il a codirigé plusieurs ouvrages collectifs portant sur la littérature québécoise contemporaine, dont la série *À la carte. Le roman québécois.*

ISBN 978-2-406-10686-9 (livre broché)
ISBN 978-2-406-10687-6 (livre relié)
ISSN 2494-3975

INTRODUCTION

De l'écriture

> Je crois que je me ressemble le plus quand j'écris.
> Ying CHEN

Questionné au sujet de la langue de l'écrivain lors d'une rencontre à l'Université de Bologne portant sur « l'écriture bilingue[1] », à laquelle avait également participé Nancy Huston, Robert Richard avait répondu sans ambages que l'écriture bilingue était une fiction, tout comme d'ailleurs l'écriture unilingue. La langue de l'écrivain, avait-il précisé, n'était autre que l'écriture, que cette dernière passe par la langue maternelle (ou paternelle), une deuxième (ou troisième) langue, voire à travers la multi-langue de l'écrivain babélique. À sa manière, Ying Chen partage cette conception de la langue littéraire, rendue plus aiguë chez elle par l'expérience de l'exil dans une autre langue qui est devenue à la longue sa langue d'écriture tout en demeurant celle de l'Autre (ou de l'inconscient). Non seulement se reconnaît-elle dans la figure de « l'écrivain en exil[2] », mais elle soutient que, quelle que soit son origine ou sa nationalité, tout « écrivain est en exil dans la langue[3] », ce qui l'amène à son tour à distinguer entre langue maternelle et langue d'écriture : « Ainsi préoccupé par la langue de la littérature menacée de disparition, l'écrivain ne veut plus faire grand cas du choix de la langue d'écriture. Même s'il écrit dans sa langue maternelle, il se trouve assez loin d'elle lorsqu'il s'approche de la langue de la littérature[4]. »

1 Nancy Huston et Robert Richard, rencontre-débat et lectures autour de « l'écriture bilingue », CISQ, Université de Bologne, 4 mai 1998.
2 Ying Chen, « La vie probable », in *Quatre Mille Marches*, Montréal, Boréal, coll. « Papiers collés », 2004, p. 92.
3 *Ibid.*, p. 93.
4 *Ibid.*

Née à Shanghai en 1961, mais devenue écrivaine à Montréal en 1992, date de parution de son premier roman, Ying Chen figure parmi les rares auteurs d'origine chinoise à avoir adopté le français comme langue d'écriture. Si l'on excepte François Chen qui l'avait devancée dans cette voie, son exemple n'a été suivi en France que par deux auteurs à avoir laissé une empreinte durable dans le panorama de la littérature contemporaine, soit Shan Sa et Dai Sijie. Par contre, l'univers romanesque de Chen a peu à voir avec celui de ses deux compatriotes, ni même avec l'œuvre de son illustre homonyme masculin ; il se rapproche davantage de celui de l'auteur de *La Montagne de l'âme*, Gao Xingjian, bien que ce dernier écrive préférablement en chinois avant d'être traduit en français. Mais si, comme le prétend Robert Richard, la langue de l'écrivain est l'écriture et moins un idiome quelconque, il est possible d'avancer que celle de Ying Chen est restée chinoise, en quelque sorte, après être passée par le prisme de la langue française[5]. Plus francophile que francophone, c'est à l'écrit que le français est devenu pour cette future écrivaine venue d'ailleurs le médium dans lequel elle a choisi de s'exprimer, sans toujours pouvoir s'expliquer sur les raisons profondes de ce choix, au point de se constituer auteur dans cette langue. Elle en eut la prescience dès 1995, l'année de publication de son roman le plus populaire *L'Ingratitude*, dans un court essai où, réfléchissant à propos du français comme langue d'écriture, elle avait eu cette formule prémonitoire : « Je me glisse dans une autre langue et espère y renaître[6]. » Cette conception de la renaissance à travers une autre langue rejoint le concept de « l'entre-deux » théorisé par le psychanalyste Daniel Sibony, dans son essai consacré explicitement à cette question : « Dans l'*entre-deux-langues*, l'impossible langue d'Origine s'actualise dans le passage d'une langue à l'autre. Ce n'est pas réservé aux exilés[7]. » Bien que ce privilège ne soit pas l'apanage des exilés, tout semble indiquer que chez Chen l'exil volontaire a été un facteur important dans sa décision consciente, voire

5 Dans un article consacré à Ying Chen, Ziyan Yang a relevé deux locutions chinoises traduites ou adaptées en français par l'auteur sans que ces emprunts ne soient signalés dans le texte. *Cf.* Ziyan Yang, « La figure de réincarnation, la sinité pulvérisée et l'identité hybride dans la "série fantôme" de Ying Chen », *International Journal of Francophone Studies*, Vol. 16, n° 3, 2013, p. 334 et 347.

6 Ying Chen, « La charge », in *Quatre Mille Marches*, *op. cit.*, p. 43.

7 Daniel Sibony, *Entre-deux. L'origine en partage*, Paris, Seuil, coll. « Points Essais », 2003 [1991], p. 13.

inconsciente, d'explorer cet « entre-deux » qui est la condition même de « l'écrivain en exil » :

> L'*origine* n'est pas une langue, ce serait même une absence de langue assez riche et fertile pour être aussi un potentiel infini d'où se ramifient le dire et le mal-à-dire. L'entre-deux-langues est le partage même de la langue, dans sa dimension poétique, sa prétention au dialogue, son champ de miroirs où chacun s'identifie et se désidentifie ; recharge et décharge d'identité[8].

Le motif de la renaissance à travers l'écriture et la langue de l'Autre, où l'origine est sans cesse niée, réaffirmée et différée, est bien ce qui caractérise le cheminement de la narratrice de Chen dans ce qu'il convient d'appeler rétrospectivement « le cycle des réincarnations », qui a été inauguré en 1998 par *Immobile* et qui s'est refermé en 2013 sur *La rive est loin*. C'est de cette *migrance* particulière – migration linguistique d'un médium à l'autre et transmigration littéraire effectuée par l'écriture – que les pages qui suivent veulent rendre compte, en ne prenant en considération que l'œuvre de la maturité de l'écrivaine : celle précisément où l'on assiste à ce passage *marqué* (à la fois remarqué et remarquable) de femme de lettres précoce à auteur accompli.

Pour la jeune Chinoise, expatriée de sa terre natale, la terre d'accueil n'a été ni le Québec (malgré son court séjour à Montréal puis dans la région de Magog), ni même le Canada (sauf pour la ville de Vancouver où elle a élu domicile), mais bien la langue française dans laquelle elle a choisi de devenir écrivaine. Or le « devenir-auteur » de cette écrivaine singulière est tout aussi singulier que son destin littéraire. Destinée, à l'origine, à être une écrivaine chinoise « classique » (c'est du moins le vœu qu'elle avait formulé avant d'échouer aux examens d'entrée de la prestigieuse Université Fudan[9]), elle est devenue, chemin faisant, une écrivaine francophone « migrante » malgré son souhait de n'adhérer à aucune étiquette lui assignant une identité certifiée ou la réduisant à une origine contrôlée : « Je crois que je fais partie de cette catégorie

8 *Ibid.*, p. 31.

9 « Enfant, du primaire au secondaire, j'étais parmi les meilleurs élèves en chinois. À dix-huit ans, je rêvais d'entrer au département de chinois de l'Université Fudan, pour devenir écrivain et même, sans modestie ni sagesse, une classique de l'expression chinoise. Presque trente ans se sont écoulés, ce rêve est resté un rêve, entre autres à cause de mes deux faiblesses : la peur de la vitesse et la lassitude face au vaste monde. » Ying Chen, « Hors des trains », *Cahiers littéraires Contre-jour*, n° 19, automne 2009, p. 29.

d'individus, célèbres ou obscurs, anciens ou modernes, orientaux ou occidentaux, européens ou américains, chinois ou africains, émigrés ou natifs, hommes ou femmes, écrivains ou non – l'unique catégorie de ce monde où je consens encore à me classer[10]. » Fait à noter, la catégorie visée ne désigne pas spécifiquement les professionnels de l'écriture, quoique l'extrait s'insère dans un passage qui interroge le statut particulier de l'écrivain, mais un « entre-deux », au sens encore que donne Sibony à ce terme composite et complexe, où seul se reconnaît l'auteur en devenir : « Alors l'écrivain trébuche, balbutie et tâtonne. C'est un enfant qui, faute de foyer et condamné à la route, n'a pas appris à marcher, ne grandit jamais[11]. » Ce qui n'empêchera pas tardivement Ying Chen de revendiquer à nouveau l'étiquette « migrante », tout en en redéfinissant le sens : « Un écrivain migrant est un sédentaire qui s'installe ailleurs, quelqu'un qui se suicide dans l'espoir de renaître, qui descend dans un tunnel sans jamais remonter, qui finit par mourir mais aussi par vivre dans ce non-lieu dont il fait sa maison[12]. »

Cette définition très personnelle de l'écrivain migrant, à laquelle fort probablement aucun autre écrivain issu de l'immigration ne voudrait ni ne pourrait même s'identifier, tranche singulièrement avec ce que l'on a appelé au Québec les écritures migrantes. En se percevant désormais comme un « écrivain du tunnel » qui cherche « une chambre sous terre[13] » (on pense à la fois aux *Carnets du sous-sol* de Dostoïevski et à *Une chambre à soi* de Virginia Woolf), Ying Chen adhère depuis ce tournant dans son œuvre à une nouvelle conception de l'écriture que l'on peut à la lettre qualifier de « transmigrante » : écriture exploratoire issue d'une sédentaire nomade, transplantée ailleurs ; d'une morte ressuscitée, enterrée vive mais étrangement survivante, dans un non-lieu qui reste tout de même sa demeure intime… Ce que l'écrivaine s'attribue dans son dernier essai publié est aussi ce qu'elle met en scène à travers sa narratrice anonyme tout au long du cycle des réincarnations. L'écriture

10 Ying Chen, « La vie probable », *op. cit.*, p. 91-92.

11 *Ibid.*, p. 91. Si ce trait rappelle le mot d'esprit de Baudelaire selon lequel « le génie n'est que l'*enfance retrouvée* à volonté » (« Le peintre de la vie moderne », in *Écrits sur l'Art*, Tome 2, Paris, Gallimard, coll. « Le Livre de Poche », 1971, p. 144), c'est avec l'œuvre de Bataille qu'il résonne le mieux : « *La littérature, je l'ai, lentement, voulu montrer, c'est l'enfance enfin retrouvée.* » (« *Avant-Propos* », in *La littérature et le mal*, Paris, Gallimard, coll. « Idées », 1957, p. 8).

12 Ying Chen, *La Lenteur des montagnes*, Montréal, Boréal, 2014, p. 57.

13 *Ibid.*, p. 53.

transmigrante, chez Chen, est précisément l'exploration de cet entre-deux, dans le temps et dans l'espace, à travers la fiction bouddhique de la réincarnation qui lui sert de truchement ou de procédé narratif. Écrivaine de source plutôt que de souche[14], il n'y a plus de différence en ce qui la concerne entre l'expérience de la migration et celle de l'écriture : « La migration et l'écriture sont pour moi une seule et même expérience : descendre dans un tunnel en espérant effectuer une traversée, comprendre que, finalement, il n'y aura pas de traversée, que le tunnel est déjà la destination, que ma vie entière s'écoulera ici[15]. » L'errance, qui n'a cessé de la suivre et de poursuivre sa narratrice porte-voix au cours de leur dérive commune vers une rive impossible où aboutir, est devenue le fil conducteur de cette écriture migrante en quête d'elle-même.

La critique a accordé trop d'attention, certes méritée mais tout de même exagérée, aux trois premiers romans de Ying Chen, qui constituent à la fois l'atelier, l'officine et le laboratoire où ont été accomplis ses premiers pas dans les sentiers laborieux de la création littéraire. Tour à tour réaliste, migrant et surréel, ces trois premiers jalons dans la carrière de l'écrivaine en herbe restent empreints de l'origine dont l'auteur en jachère devait s'éloigner pour devenir ce qu'il était en puissance : un corps *transmigrant* en chemin d'écriture. C'est avec *Immobile* que Ying Chen « trouve » son style, la voix qui pave la voie au devenir-auteur, « invente » son œuvre – et du même coup *se* réinvente. Dès lors, elle n'a plus fléchi, ni infléchi son parcours d'écrivain, ayant découvert dans l'écriture transmigrante tout à la fois le moyen, la finalité et l'origine tardive de l'accomplissement de son destin littéraire. C'est cette œuvre en particulier, qui couvre une quinzaine d'années d'écriture, qu'il nous faut retraverser patiemment afin de découvrir à notre tour, de jalon en jalon, ce qui en fait l'originalité.

Puisqu'il ne sera plus question des trois premiers romans dans les pages à venir (sauf quand il s'agira de rappeler ou d'établir des liens entre l'œuvre de jeunesse et celle de la maturité), il convient d'en dire quelques mots de plus ici avant d'entreprendre notre « longue marche » dans les méandres de l'Œuvre. Cette brève mise au point s'avère nécessaire

14 « La source – un mot que je préfère au mot *racine*, qui implique une qualité trop fixe pour être vraie – et la destination sont deux aspects également profonds de notre existence. » *Ibid.*, p. 42.

15 *Ibid.*, p. 54.

pour rappeler ce par rapport à quoi Ying Chen a dû se distancier afin de réaliser sa destinée, c'est-à-dire passer de simple écrivaine – chinoise, québécoise, sino-canadienne ou franco-asiatique (peu importe désormais l'appellation) – à auteur achevé (bien que l'œuvre demeure à ce jour inachevée). En faisant en accéléré le parcours qui mène du roman des origines aux origines du roman, pour reprendre le titre judicieux d'un ouvrage bien connu de Marthe Robert qui sera mis à profit dans cette étude[16], Ying Chen a préparé subrepticement le terrain au roman de l'écriture qui n'a de cesse de s'écrire depuis la parution d'*Immobile*.

Le premier roman de Chen intitulé *La Mémoire de l'eau*, dont il n'est pas déplacé de rappeler ici qu'il est issu d'un mémoire de maîtrise en création littéraire[17] (comme quoi cet exercice scolaire peut parfois mener à une véritable carrière d'écrivain), raconte sur le mode réaliste et autobiographique le destin de la grand-mère paternelle de la narratrice qui apparaît elle-même comme un double à peine fictif de l'écrivaine. Trois générations de femmes sont évoquées dans ce roman mémoriel : celle de l'arrière-grand-mère, qui représente la tradition avec ses « petits » pieds ; celle de la grand-mère, dont l'opération interrompue par l'oncle maternel a donné lieu à des pieds « moyens », signe d'une transition vers la modernité ; puis celle de la mère qui, n'ayant pas subi la douloureuse opération du bandage des pieds, incarne la modernité malgré la soumission à son mari. Or, à travers les souvenirs qu'elle a conservés de chacune d'elles, et plus particulièrement de la grand-mère, la narratrice s'éloigne de plus en plus de la terre ancestrale, fuyant l'héritage misogyne du confucianisme, certes, mais aussi les excès de la Révolution culturelle. À la fin du roman ne lui reste plus que la voie de l'exil, celle-là même qui avait incité Chen à quitter sa patrie d'origine pour accoster un autre rivage. Dans un court texte déjà cité, elle en rappelle le motif qui coïncide avec son passage au français comme langue d'écriture : « En fait, écrire en français peut être considéré, au moins au départ, comme un geste de révolte, plutôt inconscient, contre certains éléments de l'éducation que j'ai reçue dans la langue chinoise[18]. »

16 *Cf.* Marthe Robert, *Roman des origines et origines du roman*, Paris, Gallimard, coll. « Tel », 1972.

17 Rédigé à Montréal sous la direction d'Yvon Rivard, alors professeur à l'Université McGill, ce mémoire devenu roman mémoriel est aussi un hommage de l'écrivaine en herbe rendu à son mentor littéraire. Chen reconnaîtra de nouveau sa dette envers Rivard dans *Quatre Mille Marches* (p. 84-85) et *La Lenteur des montagnes* (p. 27).

18 Ying Chen, « La charge », *op. cit.*, p. 42.

Le roman suivant poursuit la trajectoire amorcée dans *La Mémoire de l'eau*, tout en en inversant les signes par un double changement « générique » : de mémoriel, il se fait épistolaire, tandis que la voix de l'exil est dévolue à un narrateur. *Les Lettres chinoises* raconte, par lettres interposées, l'histoire déchirée de trois personnages, dont l'un (Yuan) s'est exilé à Montréal et l'autre (Sassa) est demeuré à Shanghai, tandis que le troisième (Da Li) repart pour Paris après s'être installé brièvement dans la métropole québécoise. Si cette configuration renvoie dans le roman au classique triangle amoureux, elle se laisse lire également comme une triple représentation de la figure de l'auteur qui s'y profile : fidèle à ses origines (Shanghai) ; sur la voie de l'exil (Montréal) ; oscillant dans l'entre-deux (Paris)[19]. Les trois personnages mis en scène dans *Les Lettres chinoises* peuvent en effet se lire rétrospectivement comme différentes incarnations ou facettes de la personnalité complexe de Ying Chen, tiraillée entre sa fidélité aux origines (l'enracinement), l'aventure migrante (le déracinement) et le désir de devenir une écrivaine française voire universelle (tentative de transplantation qui s'apparente davantage à une transfiguration de l'auteur). Or ce roman constitue, *à la lettre*, le seul opus migrant de Chen, l'unique titre de son répertoire où la question de l'exil, de la migration et du choc culturel se situe au cœur de l'intrigue. Retravaillé en vue d'une deuxième édition, il est aussi son rejeton le moins aimé, la romancière étant consciente des faiblesses qu'il recèle même après une révision formelle et stylistique de la première version. Quoi qu'il en soit de cet échec (ou demi-échec), le roman épistolaire conserve une trace précieuse du passage à venir : le caractère chinois « Poésie » qui orne la couverture de la deuxième édition, signe qu'à travers les lettres parfois maladroites que s'échangent les trois personnages (et qu'il nous faut bien imaginer, dans ce cas, traduites du chinois au français) pointe déjà le mobile essentiel de l'écriture par lequel leur créatrice s'affirmera auteur.

Le troisième roman de Ying Chen, *L'Ingratitude*, est une œuvre charnière. Il constitue un maillon (voire le chaînon manquant) dans le passage des premiers romans à l'amorce du cycle suivant. Il est aussi, sans

19 En référence à cet « entre-deux » (Sibony), Pamela Sing rappelle que Chen, qui a conservé sa résidence principale à Vancouver, « a aussi un appartement à Paris et retourne périodiquement séjourner dans sa ville natale. » Pamela V. Sing, « Migrance, sensorium et translocalité chez Ying Chen et Kim Thúy », *International Journal of Francophone Studies*, Vol. 16, n° 3, 2013, p. 289.

conteste, « le » succès littéraire de son auteur. Primé, traduit, recensé et encensé par la critique, *L'Ingratitude* reste aujourd'hui le roman de Chen qui est le plus lu, commenté et enseigné, réduisant à la limite l'auteur à ce seul titre de sa production. Nul doute mérité, ce succès n'en est pas moins aveuglant en ce qu'il masque, tout en en indiquant la voie, ce qui constitue l'originalité de la démarche de l'écrivaine après ce « passage obligé » dans son œuvre. Dès l'amorce du roman, la narratrice (Yan-Zi) est décédée, c'est donc d'outre-tombe qu'elle va raconter son histoire qui l'a menée au suicide (ou à sa mort providentielle). Ses relations tumultueuses avec ses parents, en particulier avec sa mère possessive, expliquent ce funeste destin qui est condamné à se répéter dans les romans suivants. Or la fiction d'une voix posthume qui revient hanter la mère de la jeune femme après sa disparition n'est pas seulement un artifice ou une trouvaille technique ; c'est le truchement par lequel Ying Chen trouve sa voix stylistique et se fraie un chemin ingénieux dans l'écriture, ouvrant par le fait même la voie à l'œuvre à venir. Désormais, sa narratrice sera toujours à la fois de ce monde et d'un *autre* monde.

En dépit de cette innovation formelle, *L'Ingratitude* est le dernier roman précoce de l'écrivaine où les références à la Chine sont encore manifestes, à travers le nom des personnages et quelques traits culturels bien affichés (confucianisme, croyances populaires, tradition culinaire, etc.), ce qui le rattache tout de même aux romans précédents. Dans ce sens, il clôt le cycle « chinois » plus qu'il n'inaugure une nouvelle manière de raconter ou tout simplement d'écrire. Une fois admis ou accepté le subterfuge de la voix posthume, le lecteur constate que le récit rétrospectif de la narratrice suit en effet son cours normal. En route vers « une écriture blanche[20] » et une « esthétique minimaliste[21] », l'écrivaine s'accroche encore dans ce roman aux conventions du roman réaliste dans ses longues analepses, bien que la dimension surréaliste du récit effectué d'outre-tombe rende poreuses, dès son ouverture, les frontières du genre. Par ce procédé littéraire, *L'Ingratitude* n'en accomplit pas moins le rite de passage nécessaire à la naissance de l'auteur. Or

20 Roland Barthes, *Le Degré zéro de l'écriture* suivi de *Nouveaux essais critiques*, Paris, Seuil, coll. « Points », 1972 [1953], p. 55.

21 L'expression est empruntée à Janusz Przychodzen qui l'utilise pour caractériser l'écriture de certains écrivains québécois contemporains, dont l'écrivaine d'origine japonaise Aki Shimazaki. *Cf.* Janusz Przychodzen, *De la simplicité comme mode d'emploi. Le minimalisme en littérature québécoise*, Québec, Les Presses de l'Université Laval, 2014.

cette naissance se fera, chez Chen, par le biais d'une « renaissance » qui coïncide en apparence avec la croyance bouddhique en la réincarnation, mais traitée à bon escient comme fiction, ce qui donnera lieu, transposée sur le plan littéraire, au cycle des réincarnations inauguré par *Immobile*.

Il convient ici d'insérer une parenthèse qui apporte une nuance par rapport à ce qui a été avancé au sujet des trois premiers romans de Chen. Dans son carnet de voyage qu'elle rédigeait lors de son « retour illusoire[22] » au pays natal qui est à l'origine du film que Georges Dufaux lui a consacré et qui la met en scène comme personnage principal, Ying Chen consigne avoir conservé deux liens très forts avec sa patrie d'origine. Le premier a trait à la langue[23] tandis que le deuxième concerne sa famille. Ces deux motifs s'entremêlent dans le passage suivant du carnet : « Aujourd'hui, à part mes parents, ce qui de cette terre est encore capable de m'ébranler jusqu'aux larmes, ce n'est autre chose qu'une littérature écrite dans cette langue, avec sa beauté simple et son élégance subtile[24]. » Les lecteurs qui seraient tentés de lire dans les romans de Ying Chen, en particulier dans *L'Ingratitude* et le cycle qui s'en est suivi, des autofictions ou autobiographies déguisées, feraient manifestement fausse route, les parents réels de l'écrivaine n'ayant rien à voir (ou si peu) avec ceux fictifs qu'elle met en scène[25]. Tout semble indiquer, au contraire, que les parents fictifs dans ses romans renvoient plutôt aux contraintes de l'éducation reçue dans la langue chinoise et contre lesquelles, consciemment ou non, elle s'est insurgée. Ils seraient dans ce sens l'incarnation de la Chine traditionnelle, confucéenne et autoritaire. À l'inverse, les parents réels de Chen sont ceux qui lui ont transmis indirectement, nous confie-t-elle, son plus bel héritage : « La connaissance de la langue chinoise, pour moi, est un cadeau du ciel, le meilleur héritage qui soit[26]. » Et pourtant, c'est en

---

22 *Voyage illusoire*, long métrage documentaire sur l'écrivaine d'origine chinoise Ying Chen, réalisé par Georges Dufaux, ONF, 1997, 52 min. Ce film a été réalisé après la publication des trois premiers romans de Chen, dont certains extraits sont cités et lus par la comédienne Céline Bonnier, mais avant la parution d'*Immobile*.

23 « La langue chinoise est en effet l'un des rares fils qui me relient encore à cette terre dont je ne suis plus citoyenne. » Ying Chen, « Carnet de voyage en Chine », in *Quatre Mille Marches*, *op. cit.*, p. 23.

24 *Ibid.*, p. 24.

25 Seul le film où elle apparaît « jouant » son propre personnage en tant qu'auteur pourrait être considéré, à la limite, comme relevant de l'autofiction. Encore faut-il préciser qu'il a été imaginé et réalisé par un tiers et qu'elle se contente d'y incarner son rôle en lisant des extraits de son carnet.

26 Ying Chen, « Carnet de voyage en Chine », *op. cit.*, p. 25.

français que l'écrivaine chinoise, dont la langue maternelle est le dialecte shanghaien, choisira de rester fidèle à ce legs ancestral si précieux à ses yeux. En renonçant à l'illusion de la langue originelle, elle aura compris que la meilleure façon pour elle de demeurer « chinoise » et d'honorer ce « cadeau » reçu « du ciel » était paradoxalement d'écrire dans la langue de l'Autre, en réinventant pour ainsi dire ses origines scripturaires.

À la lumière de ce passage accompli à travers le style, l'écriture se révèle *in fine* la seule véritable patrie de Ying Chen. L'écrivaine d'origine chinoise a certes mis un certain temps à trouver sa voix en français, comme par ailleurs nombre d'écrivains qui écrivent en langue « originale », mais une fois mise au diapason, ajustée à l'écoute de sa « musique intérieure », cette voix n'a plus varié de tonalité ni de tessiture. Chen s'en explique assez longuement dans un essai consacré au deuxième roman du cycle des réincarnations où, après avoir retrouvé « l'état primitif » dans lequel elle avait découvert la littérature, à savoir le calme et la solitude, elle constate :

> Et du coup je crois que j'ai enfin trouvé un style qui me convient. Un style peu descriptif, dépouillé à l'extrême, avec une intensité intérieure. J'espère que cela se rapproche de la poésie et du théâtre. J'aime énormément la poésie et le théâtre, plus que le roman je crois, mais je pense que le roman me permettra de réunir les qualités de ces deux genres avec profondeur et étendue. Je me préoccupe du rythme, de la musicalité du texte. Je voudrais que chaque phrase, sinon chaque mot, ait un sens double ou ambigu, tout en étant clair et direct. Car c'est ainsi que je perçois la réalité[27].

S'il n'est pas question de confondre l'écrivaine et sa narratrice, il faut tout de même noter que ce style littéraire, à la fois dépouillé et intense, qui caractérise le cycle des réincarnations, est aussi un style de vie, une manière d'être au monde et de rester attentive au réel autour de (et en) soi.

Ce qui suit, s'ensuit, se veut moins l'analyse exhaustive d'une œuvre que le témoignage, à travers ses relais transmigrants, de comment on devient auteur par le truchement de l'écriture. Car si Roland Barthes avait mis en lumière dans un article souvent cité ce qui distingue l'écrivain de l'écrivant[28], à savoir le passage d'une écriture transitive à une autre

---

27 Ying Chen, « À propos du *Champ dans la mer* », in *Quatre Mille Marches*, *op. cit.*, p. 115-116.

28 *Cf.* Roland Barthes, « Écrivains et écrivants », in *Essais critiques*, Paris, Seuil, coll. « Points », 1964, p. 147-154.

intransitive (autrement dit, du régime de la communication à celui de la transmission), il n'avait pas mesuré, se contentant de la combler – ce qui est tout de même admirable, si ce n'est l'essentiel –, toute la distance qui sépare la pratique de l'écrivain de l'avènement de l'auteur. Il ne suffisait pas en effet d'en saluer le retour « amical », comme il l'avait fait dans sa préface à son très beau livre *Sade, Fourier, Loyola* consacré à trois « logothètes », « formulateurs » ou « fondateurs de langues[29] », après en avoir décrété la mort intempestive dans un article célèbre[30] ; il fallait aussi mesurer, à l'instar de Michel Foucault dans une conférence qui lui donnait la réplique en s'intéressant à son tour à des « instaurateurs de discursivité[31] », ce qui en constitue la fonction cardinale dans le texte, voire au-delà du texte. Question de signature, de voix soussignée, qui commande des retours à certains noms propres : Nietzsche, Freud, Marx… Or il n'existe pas d'autres moyens pour accomplir cet affranchissement du sujet qui écrit, qu'il s'agisse d'un simple écrivant ou d'un écrivain professionnel, que de mettre précisément à l'œuvre la maxime de Nietzsche : « devenir ce qu'on est[32] » ; c'est-à-dire réaliser une potentialité qui n'existait auparavant qu'en tant que virtualité, dût-on pour ce faire passer par une série d'erreurs ou d'errements qui prendront après-coup un sens heuristique. C'est aussi ce que l'écrivain et philosophe Georges Bataille avait appelé de tous ses vœux : devenir, enfin, un sujet souverain dans et par l'écriture. La littérature, dont le sens résidait pour le philosophe nietzschéen dans l'expression du Mal – aussi bien le mal existentiel que le malaise que ce dernier inocule dans la civilisation –, avait en effet pour lui « *valeur souveraine*[33] ». Dans le cas particulier de Ying Chen, qui a connu ces deux versants du « mal littéraire » à travers la fiction de la réincarnation, laquelle constitue une malédiction au regard du bouddhisme, il ne s'agissait pas tant de venir à l'écriture, à l'instar d'Hélène Cixous et de ses consœurs[34], que d'advenir à son destin singulier.

29 *Cf.* Roland Barthes, « Préface », in *Sade, Fourier, Loyola*, Paris, Seuil, coll. « Points », 1971, p. 7-16.

30 *Cf.* Roland Barthes, « La mort de l'auteur », in *Le Bruissement de la langue. Essais critiques IV*, Paris, Seuil, 1984 [1968], p. 61-67.

31 *Cf.* Michel Foucault, « Qu'est-ce qu'un auteur ? », in *Dits et écrits, tome 1 : 1954-1975*, Paris, Gallimard, coll. « Quarto », 2001 [1969], p. 817-849.

32 Friedrich Nietzsche, *Ecce homo*, Paris, Union générale d'éditions, coll. « 10|18 », 1988, p. 55.

33 Georges Bataille, *op. cit.*, p. 8.

34 *Cf.* Hélène Cixous, Madeleine Gagnon et Annie Leclerc, *La venue à l'écriture*, Paris, Union générale d'éditions, coll. « 10|18 », 1977.

LE PARADOXE TRANSMIGRANT

> Je ne suis pas bien du tout assis sur cette chaise
> Et mon pire malaise est un fauteuil où l'on reste
> Immanquablement je m'endors et j'y meurs.
>
> Mais laissez-moi traverser le torrent sur les roches
> Par bonds quitter cette chose pour celle-là
> Je trouve l'équilibre impondérable entre les deux
> C'est là sans appui que je me repose.
> Hector de SAINT-DENYS GARNEAU

Lorsque l'expression « écritures migrantes » a été forgée dans les années 1980 par des auteurs québécois d'origine haïtienne, puis proposée par des chercheurs universitaires comme une nouvelle tendance ou un courant distinct dans les lettres québécoises, elle renvoyait à la fois à l'origine « étrangère » des écrivains immigrants et à leur apport original au canon de la littérature « nationale ». Il était sous-entendu, dans cette acception du terme, qu'avant de se « contaminer » à la culture ambiante l'écrivain migrant était confronté à une nouvelle réalité qui provoquait chez lui un choc culturel. Les textes « migrants » commençaient donc par raconter ou par mettre en scène cette expérience interculturelle (vécue positivement ou négativement par les protagonistes), avant de pouvoir la dépasser vers une pratique transculturelle de l'écriture. Se rattachent à ce courant les premiers romans d'Ook Chung et de Kim Thúy, deux auteurs québécois d'origine coréenne et vietnamienne respectivement, tandis que l'œuvre de l'écrivaine québécoise d'origine japonaise, Aki Shimazaki, reste résolument ancrée dans l'histoire culturelle du Japon.

Ying Chen a elle-même exploité la veine migrante, en particulier dans ses deux premiers romans, *La Mémoire de l'eau* (1992) et *Les Lettres chinoises* (1993), qui traitent du thème de l'exil et de la difficulté d'instaurer un dialogue interculturel entre les générations d'une même nation (dans son premier roman) ou les ressortissants de deux cultures étrangères (dans le roman suivant). Or dès son troisième roman, *L'Ingratitude* (1995), elle s'est éloignée de ce courant littéraire afin d'explorer d'autres avenues de l'écriture[1]. Dans ce sens, le cycle des réincarnations, puisque c'est ainsi qu'il convient de désigner les sept romans qui le composent[2], relève davantage d'une expérience transculturelle de la littérature que d'une simple rencontre interculturelle. Il s'agit en effet, pour la narratrice de ce cycle qui sert d'exploratrice à son auteur, d'effectuer une traversée du temps et de l'espace en quête d'une origine plus authentique qui finit par se confondre avec le procès même de l'écriture.

L'œuvre transmigrante de Ying Chen se situe ainsi en marge du courant des écritures migrantes au Québec, mais également de ce que j'ai appelé ailleurs « les identités transmigrantes » (dans un autre sens de l'expression sur lequel je reviendrai un peu plus loin). Avant d'entrer dans l'analyse de cette œuvre et d'en explorer les arcanes secrets, un autre détour par l'écriture migrante s'impose afin de dénouer les liens parfois confus qui ont été tissés par les théoriciens et critiques littéraires entre littérature d'immigration et écriture migrante, d'une part, discours interculturel et pratique transculturelle, d'autre part. Car si l'œuvre de Chen a pu appartenir (ou sembler appartenir) à l'un ou l'autre de ces courants à un moment donné de son élaboration, l'écrivaine s'est très tôt distanciée de l'un comme de l'autre pour se frayer une voie plus personnelle dans l'écriture, tout en nous invitant à repenser ce que ces étiquettes ou catégories littéraires pouvaient encore nous apporter comme éclairage intime de son cheminement en littérature – cette *terra incognita* qui demeure telle tant qu'elle n'est pas défrichée ou déchiffrée, voire au-delà de ce labour herméneutique.

---

1 Ce changement intervenu dans l'écriture de Chen est souligné par son passage des éditions Leméac / Actes Sud, où ont été publiés ses trois premiers romans, aux éditions du Boréal/Seuil, où a paru le cycle en son entier.

2 En ordre de leur publication : *Immobile* (1998), *Le Champ dans la mer* (2002), *Querelle d'un squelette avec son double* (2003), *Le Mangeur* (2006), *Un enfant à ma porte* (2008), *Espèces* (2010) et *La rive est loin* (2013).

MIGRER OU TRANSMIGRER ?

Les « écritures migrantes » constituent un phénomène littéraire particulier, né à une époque déterminée de l'histoire politique du Québec et indissociable du contexte culturel de l'époque qui les a vues naître. Avant leur apparition dans les années 1980 comme corpus distinct ou courant littéraire spécifique de la littérature québécoise, on ne parlait pas d'auteurs migrants, ni même immigrants, pour désigner les écrivains qui avaient choisi de s'installer au Québec après avoir émigré au Canada. Dans les années 1960 et 1970, les écrivains immigrants provenaient principalement d'Europe, à la suite de la Deuxième Guerre mondiale, et ils sont entrés tout naturellement dans le canon de la littérature « nationale ». C'est le cas, par exemple, des écrivains juifs Naïm Kattan (d'origine irakienne), Alice Parizeau (d'origine polonaise), Monique Bosco (d'origine autrichienne), et des francophones ou francophiles d'Europe de l'Est tels Jean Basile (d'origine russe) et Robert Gurik (d'origine hongroise). Certains de ces écrivains avaient d'abord transité par Paris (Kattan, Bosco) avant de s'installer à Montréal, d'autres y étaient nés (Gurik). Plusieurs ont aussi choisi de franciser leur nom, facilitant ainsi leur intégration à la société québécoise et à son institution littéraire[3]. Ce n'est que rétrospectivement, après l'apparition des écritures migrantes comme phénomène littéraire distinct au Québec dans les années 1980, que les chercheurs et critiques universitaires ont parlé au sujet de ces auteurs d'une littérature d'immigration, pour la distinguer de la nouvelle littérature migrante. Cette distinction se vérifie, entre autres, dans l'ouvrage pionnier que Clément Moisan et Renate Hildebrand ont consacré à l'histoire de l'écriture migrante au Québec, où la période 1975-1985 est signalée comme correspondant à l'écriture immigrante[4]. Or ces écrivains « immigrants », faut-il le préciser, se percevaient d'emblée – et étaient perçus par leurs pairs – comme des écrivains « québécois » à part entière.

3 C'est le cas notamment de Jean Basile, né Bezroudnoff ; d'Alice Parizeau, qui s'appelait Alicja Poznanska avant son mariage avec Jacques Parizeau, le futur premier ministre du Québec ; et d'Alain Stanké, né Aloysas-Vytas Stankevicius.

4 Clément Moisan et Renate Hildebrand, *Ces étrangers du dedans. Une histoire de l'écriture migrante au Québec (1937-1997)*, Québec, Nota bene, coll. « Études », 2001, p. 141 et 363.

L'émergence des écritures migrantes au Québec s'explique par deux facteurs politiques[5]. Le premier est lié indirectement à la Charte de la langue française. Porté au pouvoir en 1976, le Parti Québécois, qui s'était fixé comme objectif de réaliser l'indépendance du Québec, a promulgué en 1977 la Loi 101 qui a fait du français la seule langue officielle de la province, dans un Canada officiellement bilingue. Cette loi a contraint les parents immigrants à envoyer leurs enfants à l'école publique francophone alors qu'ils avaient le choix auparavant de les inscrire dans des écoles anglophones. C'était le cas notamment de la communauté italienne qui optait le plus souvent pour le système anglais, lequel offrait plus d'opportunités sur le marché du travail. En obligeant les parents immigrants à instruire leurs enfants dans des écoles où prédominait le français comme langue d'éducation et d'usage commun, cette mesure politique a facilité leur apprentissage de la langue française et sans doute aussi contribué à l'éclosion, dès les années 1980, d'une première génération d'écrivains italo-québécois. Le deuxième facteur est directement lié à l'échec du premier référendum sur la souveraineté-association organisé par le gouvernement du PQ en 1980. Malgré l'euphorie qui régnait à l'époque, après deux décennies d'affirmation de l'identité québécoise et de néonationalisme issu de la Révolution tranquille, l'échec de ce référendum fut retentissant et sans équivoque : 60 % de la population ont voté non au projet péquiste, contre 40 % qui se sont prononcés en faveur du oui (bien qu'une majorité de francophones auraient été favorables à l'option souverainiste). L'amertume de la défaite et le désenchantement qui s'en est suivi a préparé la voie à l'émergence de nouvelles voix dans la littérature québécoise, comme le notent les auteurs de la plus récente *Histoire de la littérature québécoise* :

> À partir de 1980, la littérature au Québec entre dans l'ère du pluralisme. Après le référendum sur la souveraineté-association, dont le résultat (le non l'emporte à 60 %) est vécu comme une désillusion par la plupart des écrivains francophones, ceux-ci se sentent démobilisés. […] L'arrivée de nombreux écrivains immigrants venus de partout contribue à modifier le paysage littéraire et devient même, jusqu'à un certain point, emblématique de la situation nouvelle. Les thèmes de l'exil et la figure de l'étranger, déjà très

5 *Cf.* Pierre L'Hérault, « L'intervention italo-québécoise dans la reconfiguration de l'espace identitaire québécois », in *Italies imaginaires du Québec*, Carla Fratta et Élisabeth Nardout-Lafarge (dir.), Montréal, Fides, coll. « Nouvelles études québécoises », 2003, p. 181.

> présents dans la tradition littéraire québécoise, sont réactivés sous un jour tout à fait différent. Les voici désormais associés à un monde multiculturel où les frontières nationales tendent à s'effacer[6].

Dans ce contexte – d'abord interculturel, puis transculturel –, la littérature faite par les écrivains immigrants s'est distinguée du canon littéraire qui, au Québec, s'était défini jusque-là sur des bases nationales voire ethniques (en particulier dans les années 1960, avec l'apparition du terme « Québécois », en remplacement de celui de « Canadien français », pour désigner l'ancien Canadien d'origine française). En effet, il était implicitement entendu auparavant qu'un auteur québécois était un écrivain francophone d'origine canadienne-française (elle-même d'origine française plus lointaine) qui vivait, écrivait et produisait son œuvre au Québec (quitte à être publié parfois en France). Pour être reconnu comme écrivain « québécois », l'écrivain immigrant devait donc se fondre dans l'identité collective et écrire au diapason de cette collectivité. On ne parlait pas à l'époque d'écrivains anglo-québécois (à savoir les écrivains du Québec s'exprimant en anglais), ni d'écrivains migrants (quelle que soit leur langue d'expression).

La notion d'« écritures migrantes » est redevable à des écrivains d'origine haïtienne, dont une importante diaspora s'était installée au Québec, surtout à Montréal, dès les années 1960 pour fuir la dictature qui sévissait dans leur pays, à savoir les deux régimes Duvalier. Les spécialistes de la question[7] créditent le poète Robert Berrouët-Oriol d'avoir inventé cette dénomination dans son essai paru dans la revue transculturelle *Vice versa*, « L'effet d'exil[8] », où se retrouvent effectivement les termes « voix migrantes » et « voix métisses ». Or l'expression se laisse retracer au moins jusqu'en 1984 chez Émile Ollivier, dans son article « Quatre thèses sur la transculturation[9] » qui traite des « cultures

6 Michel Biron, François Dumont et Élisabeth Nardout-Lafarge, *Histoire de la littérature québécoise*, Montréal, Boréal, 2007, p. 531.

7 *Cf.* Pierre Nepveu, *L'Écologie du réel. Mort et naissance de la littérature québécoise contemporaine*, Montréal, Boréal, 1988, p. 233 et Daniel Chartier, « Les origines de l'écriture migrante. L'immigration littéraire au Québec au cours des deux derniers siècles », *Voix et Images*, vol. 27, n° 2 (80), hiver 2002, p. 304.

8 *Cf.* Robert Berrouët-Oriol, « L'effet d'exil », *Vice Versa*, n° 17, déc. 1986 / janv. 1987, p. 20-21.

9 *Cf.* Émile Ollivier, « Quatre thèses sur la transculturation », *Cahiers de recherche sociologique*, Vol. 2, n° 2, septembre 1984, p. 76.

migrantes » (mais dans une perspective sociologique plutôt que littéraire) et dans l'entretien de ce dernier avec Jean Jonassaint en 1986, où il est explicitement question d'écritures migrantes[10]. Cette source aurait pu d'ailleurs influencer Berrouët-Oriol puisque l'essai célèbre de ce dernier, où sont évoquées les « voix migrantes », a été écrit précisément en réaction à la non-réception critique de l'ouvrage de Jonassaint dans le milieu littéraire québécois[11]. Quoi qu'il en soit de la paternité exacte du terme « migrant », on peut attribuer sans risque de se tromper à la diaspora haïtienne, plus précisément à son intelligentsia en exil, l'origine de l'expression et du concept qui lui est rattaché, laquelle s'est produite vers la moitié des années 1980 (entre 1984 et 1986, pour être plus précis). C'est aussi à ces écrivains visionnaires que nous devons l'apparition du terme « interculturel » pour désigner un changement de perspective survenu dans la manière de concevoir la littérature et la culture au Québec, dans un contexte politique élargi qui anticipait l'avènement de la mondialisation.

Le rôle des écrivains et penseurs haïtiens dans l'invention du concept « migrant » est en effet trop souvent négligé ou sous-estimé en regard de la communauté intellectuelle italienne qui occupera les devants de la scène dans les mêmes années. Avant la parution du magazine transculturel *Vice versa*, ces intellectuels avaient pourtant joué un rôle important dans la création et l'animation d'une autre revue, plus politisée et socialement engagée, appelée *Dérives*. Fondée par Jean Jonassaint (l'un des responsables du succès de l'expression « écritures migrantes » au Québec), cette revue voulait établir un dialogue entre les différentes communautés culturelles établies à Montréal, en particulier entre la culture majoritaire (québécoise, francophone, d'origine canadienne-française) et les cultures minoritaires (d'origine étrangère ou allophones). Sur le modèle sociopolitique de la « culture dominante » (hégémonique) versus les « cultures dominées » (marginalisées), *Dérives* s'est intéressée à

10 *Cf.* Jean Jonassaint, *Le pouvoir des mots, les maux du pouvoir. Des romanciers haïtiens de l'exil*, Paris/Montréal, Arcantère/PUM, coll. « Voix au chapitre », 1986, p. 93.

11 Nepveu fait écho à ce constat au sujet du magazine transculturel *Vice Versa* où était paru le texte de Berrouët-Oriol : « la majeure partie de l'intelligentsia québécoise est demeurée à distance de la revue, y voyant un curieux phénomène, un étrange objet dont on ne savait trop quoi faire. » Pierre Nepveu, « *Vice Versa* ou la déstabilisation des lettres québécoises », in *Le projet transculturel de "Vice Versa"*, Anna Paola Mossetto (dir.), Bologne, Pendragon, 2006, p. 83.

la question politique et économique du Tiers Monde (comme on appelait alors les pays en voie de développement), ainsi qu'aux inégalités et injustices sociales qu'elle voulait surmonter en instaurant entre elles un dialogue culturel fécond ; d'où, en 1979, le changement survenu dans sa politique éditoriale, quand elle s'est désignée explicitement comme « revue interculturelle ». Les intellectuels haïtiens, en tant que représentants de ce « Tiers Monde » en exil et d'une culture minorisée, pour ne pas dire exclue de la sphère culturelle majoritaire, ont donc joué un rôle essentiel dans l'instauration de ce dialogue qui se cristallisera, en littérature, autour du concept d'écritures migrantes et métisses[12], et de son corollaire, la notion d'hybridité[13].

Selon Clément Moisan et Renate Hildebrand, le modèle « interculturel[14] » correspondrait à l'écriture immigrante avant 1985, et non aux écritures migrantes qui apparaîtraient par la suite et qui seraient tributaires du modèle « transculturel ». Cette affirmation est contestable en soi, comme cette autre qui veut que la culture et la littérature québécoises étaient par le passé monolithiques et relevaient d'un modèle « uniculturel[15] ». En réalité, les écritures migrantes se sont mises en place progressivement dans le passage, jamais tout à fait consommé, du modèle interculturel – que l'on peut faire coïncider avec les années d'existence de la revue *Dérives* (1975-1987) – au modèle transculturel, qui fait son apparition avec le magazine *Vice Versa* (1983-1996). Le modèle interculturel est né de la rencontre de différentes cultures dans un espace commun (le Québec dans son ensemble, mais plus particulièrement Montréal, sa métropole). Il prône le dialogue et l'échange entre les cultures en présence, et insiste sur la volonté de se comprendre l'un l'autre afin de dépasser les différences et les disparités sociales qui sont un obstacle au « bien vivre » ensemble. Il ne débouche pas pour autant sur une remise en question de l'identité culturelle des interlocuteurs engagés dans le dialogue (contrairement à ce que préconise le modèle

12 Voir également l'article de Robert Berrouët-Oriol et Robert Fournier, « L'émergence des écritures migrantes et métisses au Québec », *Québec Studies*, n° 14, printemps/été 1992, p. 7-22.

13 *Cf.* Sherry Simon, *Hybridité culturelle*, Montréal, L'Île de la tortue, coll. « Les Élémentaires – Une encyclopédie vivante », 1999.

14 Clément Moisan et Renate Hildebrand, *op. cit.*, p. 141 et 363.

15 *Ibid.*, p. 57 et 363. Or le Québec n'a jamais été « uniforme » dans sa composition ethnique (et par extension culturelle), comme ce fut le cas du Japon ou de la Corée jusqu'à tout récemment.

transculturel). À la suite d'un échange interculturel, chaque interlocuteur retourne pour ainsi dire dans sa communauté d'origine à laquelle il n'a jamais cessé d'appartenir : autrement dit, il ne perd rien de son identité dans le partage accompli et il n'acquiert guère de nouveaux traits identitaires provenant du contact avec les autres cultures en présence. Le but de cet échange consiste à mieux se connaître et à accepter l'Autre dans sa différence, en dépassant les clichés et les stéréotypes sociaux qui débouchent sur le mépris ou la méfiance de l'étranger, le racisme, le sexisme, l'antisémitisme, l'islamophobie, etc.

Par rapport au modèle interculturel, le modèle transculturel veut non seulement instaurer un dialogue fécond, mais dépasser le simple échange en tentant des formes d'hybridation ou de métissage. Dans son texte paru dans *Vice Versa*, le poète haïtien Robert Berrouët-Oriol parlait à ce propos de « voix migrantes et métisses » pour signifier que ces voix venues d'ailleurs (c'est-à-dire migrantes) devaient se greffer aux voix d'ici, et vice versa (puisque le métissage devait se faire dans les deux sens). Il y a donc, au fondement du projet transculturel, la transformation d'une culture par une autre : chaque intervenant ou interlocuteur conserve certains traits de sa culture d'origine et en adopte de nouveaux au contact d'autres cultures. Le résultat de cette rencontre plus radicale avec l'Autre est le produit d'une nouvelle identité, d'une entité hybride et plurielle par rapport aux identités originelles. Il s'agit d'effectuer une traversée culturelle, de s'ouvrir à l'autre, de se laisser contaminer par lui, comme le rappelait plus récemment l'un des fondateurs et directeur du magazine transculturel *Vice Versa* : « Le *trans* [...] proposé par "Vice Versa" signifiait traversée, passage, métamorphose continue de l'identité : perte et gain sans arrêt, osmose[16]. » Dans ce contexte, les écrivains « migrants » étaient perçus comme des « passeurs culturels[17] » qui transmettaient d'autres savoirs ou de nouvelles expériences de vie aux citoyens québécois (écrivains ou lecteurs) avec qui ils entraient en contact. La transculture allait donc beaucoup plus loin dans son projet que le simple dialogue interculturel, du moins en intention[18]. Car dans

16 Lamberto Tassinari, « Sens de la transculture », in *Le projet transculturel de "Vice Versa"*, *op. cit.*, p. 23.

17 L'expression se retrouve aussi bien chez Pierre L'Hérault que Simon Harel, deux pionniers, aux côtés de Pierre Nepveu, dans la reconnaissance du rôle fondamental des écrivains migrants au Québec et de la fonction heuristique du terme « migrant » dans ce contexte.

18 Voir à ce sujet Pierre Nepveu, « Qu'est-ce que la transculture ? », *Paragraphes*, n° 2, 1989, p. 15-31.

les faits, c'est le modèle interculturel qui a fini par triompher sur la scène politique. Pour comprendre comment on est passé au Québec du discours interculturel au discours transculturel, puis de la théorie à la pratique, il faut se pencher un peu plus longuement sur l'exemple de *Vice Versa*.

Le magazine transculturel *Vice Versa* a été fondé par des intellectuels issus de la communauté italienne à Montréal : Lamberto Tassinari (philosophe), Fulvio Caccia (écrivain et théoricien), Antonio D'Alfonso (écrivain et cinéaste), Bruno Ramirez (historien et scénariste), Gianni Caccia (artiste) et Paul Tana (cinéaste). Sans appartenir à ce groupe, Marco Micone (dramaturge et essayiste) a gravité dans son orbite. D'emblée, la revue s'est définie comme étant transculturelle et trilingue, en publiant en français, en anglais et en italien (et plus tardivement en espagnol) des textes essayistiques qui faisaient souvent du concept de « transculture » l'objet de leurs spéculations théoriques. Il faut noter qu'au moment de sa fondation, le magazine était contemporain de la revue interculturelle *Dérives*. En fait, les deux organes se sont chevauchés dans le temps, ce qui nous invite à relativiser le passage d'un discours interculturel à un autre transculturel qu'établissent Moisan et Hildebrand dans leur ouvrage consacré à l'écriture migrante. Loin d'être un relais (interculturel) débouchant sur une résultante (transculturelle), selon leur conception de l'histoire qui répond à un schéma évolutif hérité du darwinisme, pendant un certain temps (de 1983 à 1987 environ) – période cruciale qui correspond à l'essor des écritures migrantes au Québec – les deux discours ont coexisté, tout en se distinguant nettement quant à leurs programmes respectifs. La polyvalence du comité de rédaction originel de *Vice Versa*, par rapport à celui de *Dérives*, est peut-être un facteur susceptible d'expliquer en partie cette distinction opératoire et le fait que le magazine transculturel ait été perçu comme constituant une « relève » par rapport à la revue interculturelle.

Quoi qu'il en soit, *Vice Versa* a bel et bien constitué le laboratoire où a été pensée, et même expérimentée, la transculture comme utopie sociale. C'est pourquoi deux des principaux penseurs du modèle transculturel, Pierre Nepveu et Simon Harel, n'hésitent pas à considérer cette revue comme l'expression de la dernière avant-garde au Québec[19]. Il ne

---

19 *Cf.* Pierre Nepveu, « *Vice Versa* ou la déstabilisation des lettres québécoises », in *Le projet transculturel de "Vice Versa"*, *op. cit.*, p. 90 et Simon Harel, « Poétique de la politique », in *La Transculture et* ViceVersa, Fulvio Caccia (dir.), Montréal, Triptyque, 2010, p. 116.

faudrait pas toutefois confondre ce modèle avec l'origine « migrante » des écrivains qui ont fondé ou qui ont publié le plus souvent dans le magazine. Comme le rappelait Nepveu au sujet de la littérature québécoise des années 1980, habitée (sinon hantée) par le sentiment d'un exil intérieur, la transculture n'était pas réservée aux écrivains migrants ; elle pouvait tout aussi bien être pratiquée par les écrivains d'ici. Par exemple, dans son roman *Volkswagen blues* (1984), Jacques Poulin raconte le périple d'un Québécois de souche avec une métisse canadienne aux États-Unis, sur les traces des pionniers et de la présence française en Amérique. Le véhicule à bord duquel ils sillonnent le continent, d'est en ouest (de la Gaspésie jusqu'en Californie), devient la métaphore par excellence de la *migrance* :

> Il faudrait peut-être alors concevoir le vieux Volks de Poulin comme une métaphore même de la nouvelle culture québécoise : indéterminée, voyageuse, en dérive, mais « recueillante », un peu selon la définition qu'Heidegger donnait du langage [*Die Sprache ist das Haus des Seins*] dans son célèbre entretien avec un Japonais, dans *Acheminement vers la parole*[20].

Sans entrer dans les arguties entourant la traduction de cette phrase d'Heidegger qui se retrouve telle qu'elle dans le roman de Poulin, mais qui serait plus attribuable, selon Walter Moser, à l'entretien entre le Japonais et l'Allemand qui le questionne qu'à la langue même dans laquelle a lieu cet entretien[21], soulignons que ce qui importait aux yeux de Nepveu, qui se réfère ici au langage et non à la langue en tant que telle, est qu'un écrivain québécois puisse aussi bien faire (et transmettre) l'expérience de cette parole migratoire qu'un auteur migrant. Cela dit, ce sont les écrivains immigrants qui ont été les plus représentatifs de ce « mouvement » au Québec : en particulier les intellectuels italo-québécois pour le développement des idées transculturelles, et une écrivaine juive, française, d'origine polonaise, Régine Robin, pour leur mise en pratique exemplaire dans son roman intitulé *La Québécoite*[22], paru l'année même de la fondation de *Vice Versa*.

Dans ce texte narratif éclaté, une narratrice juive d'origine est-européenne vivant à Paris immigre au Canada et s'installe à Montréal. Elle

20 Pierre Nepveu, *L'Écologie du réel*, *op. cit.*, p. 217.

21 *Cf.* Walter Moser, « Transculturation : métamorphoses d'un concept migrateur », in *La Transculture et* ViceVersa, *op. cit.*, p. 52-54.

22 *Cf.* Régine Robin, *La Québécoite*, Montréal, Québec/Amérique, 1983.

vit successivement dans trois quartiers ethniques de la métropole : le quartier majoritairement anglophone de Snowdon, où vit sa tante juive, le quartier majoritairement francophone d'Outremont (où vit maintenant l'écrivaine) et le quartier multiethnique et allophone du marché Jean-Talon, tout près de la Petite-Italie. Dans les deux premiers lieux qu'elle tente d'habiter, la narratrice, appartenant à une minorité non tant visible qu'audible, cherche à instaurer un dialogue interculturel avec la population majoritaire mais n'arrive pas à se faire entendre, d'où le titre du roman : elle est la « Québécoite », c'est-à-dire la Québécoise silencieuse (« coite »). Dans le troisième lieu hybride, en revanche, elle s'ouvre à l'altérité, à ce qui constitue chez les autres qu'elle côtoie leurs différences culturelles, lesquels en retour accueillent sa propre différence : on passe ainsi du modèle interculturel, qui a échoué dans les deux premières parties du roman, à l'expérience transculturelle qui semble réussie dans la troisième et dernière partie. Or, après cette « rencontre du troisième type », la narratrice déçue, incapable de s'adapter tout à fait au nouveau contexte culturel, même hybride et métissé, retourne à Paris. L'utopie transculturelle débouche en fin de parcours sur une fiction dystopique : la « parole immigrante », qui ponctue inlassablement le roman tel un leitmotiv, n'arrive toujours pas à se faire entendre (du moins pas encore, car la fin du roman reste ouverte, laissant poindre une lueur d'espoir). On pourrait tout de même avancer, en s'appuyant sur cet exemple qui met en scène le passage progressif du discours interculturel au discours transculturel, que le premier modèle a produit en théorie ce qui s'est traduit dans la praxis par les écritures migrantes, tandis que le deuxième modèle a théorisé ce qui ne pouvait qu'advenir plus tard comme pratique d'écriture. C'est ce que j'ai proposé d'appeler « les écritures (ou les identités) transmigrantes ».

Pour bien comprendre ce phénomène, il faut tenir compte de la diversification récente de l'immigration au Québec. Après une première vague d'écrivains migrants dans les années 1980, à laquelle appartiennent Régine Robin, l'écrivain haïtien très connu, Dany Laferrière (récemment élu à l'Académie française), ainsi que la plupart des écrivains italo-québécois associés à la revue *Vice Versa*, une deuxième vague s'est fait connaître dans les années 1990. Cette deuxième génération d'écrivains migrants est beaucoup plus diversifiée quant à ses origines (parfois multiples) et provient souvent de pays très éloignés, situés à l'extérieur de la francophonie, qui n'avaient pas encore donné d'auteurs majeurs à la littérature québécoise. Quelques exemples parmi d'autres : Sergio Kokis (Brésilien d'origine également lettone), Ying Chen (Chinoise originaire de Shanghai), Abla Farhoud et Wajdi Mouawad (Libanais), Ook Chung (Coréen né au Japon), Aki Shimazaki (Japonaise), Pan Bouyoucas (Grec né au Liban), Elena Botchorichvilli (Georgienne), Aline Apostolska (Macédonienne), Philippe Poloni (Italien né en France), Mauricio Segura (Chilien), etc. Parmi ces écrivains, plusieurs n'avaient pas le français comme langue maternelle, ni comme deuxième langue culturelle imposée par les vicissitudes d'une histoire coloniale ; certains ont même choisi de faire leur « venue à l'écriture » dans cette langue qui leur était d'abord étrangère, mais qu'ils avaient fait sienne par choix ou par nécessité. Sans généraliser ce constat à tous les écrivains migrants, dont plusieurs avaient déjà le français comme langue d'usage avant d'immigrer au Canada, on peut avancer avec Alessandra Ferraro que, dans ce cas précis, « l'écrivain migrant est un transfuge de la langue maternelle qu'il a abandonnée, mais qui gît toujours en lui comme un substrat sonore derrière le français dans lequel il écrit[23]. » Cela s'applique aux écrivains originaires de l'Amérique du Sud (Kokis et Segura), de l'Europe de l'Est (Botchorichvilli et Apostolska) et plus encore d'Asie (Chen, Chung, Shimazaki), parmi lesquels Ying Chen en particulier illustre parfaitement la figure d'une « transfuge » littéraire. Ces écrivains ont commencé à écrire (ou du moins à publier) après la reconnaissance officielle – et il faudrait ajouter la récupération institutionnelle – du phénomène des écritures migrantes. Pour cette raison, ils se sont méfiés de ce qui est apparu à leurs yeux comme une nouvelle mode littéraire au Québec, en refusant le plus souvent l'étiquette « migrante » qu'ils trouvaient réductrice voire discriminante. C'est le cas notamment de Kokis, Farhoud, Chen et Bouyoucas, qui se sont tous exprimé publiquement à ce sujet[24] : ils préfèrent se dire simplement écrivains et faire oublier leur origine (ethnique ou nationale).

C'est dans leur foulée qu'est apparu un nouveau phénomène au Québec, grâce entre autres au succès qu'ont connu les écritures migrantes, soit

23 Alessandra Ferraro, *Écriture migrante et translinguisme au Québec*, Venise, La Toletta, coll. « Nuove prospettive americane », 2014, p. 14.

24 Voir en particulier les témoignages d'Abla Farhoud et de Pan Bouyoucas dans *D'autres rêves. Les écritures migrantes au Québec*, Anne de Vaucher Gravili (dir.), Venise, Supernova, 2000, p. 45-58 et 97-112.

l'émergence de pratiques d'écriture transmigrantes. La transmigrance, telle que je l'avais alors définie[25], consiste en un trafic d'influences, une série de transferts culturels et stylistiques survenus entre l'œuvre d'écrivains migrants et celle d'écrivains de souche. Pendant les années 1980 jusque vers le milieu des années 1990, les deux grandes tendances de la littérature québécoise de l'époque – la tradition nationale constituée par le canon littéraire et le corpus des écritures migrantes lié aux modèles interculturel puis transculturel – se sont déroulées en parallèle, croisant rarement leur trajectoire. Il y avait bien eu en 1989 le cas du poème *Speak What* de Marco Micone, écrit en réponse amicale (et solidaire) au poème *Speak White* de Michèle Lalonde, mais l'incompréhension de la poète québécoise, qui a vu dans ce pastiche parodique de l'écrivain d'origine italienne une attaque personnelle (sinon un plagiat), montre bien que la méfiance était encore au rendez-vous, que l'heure n'était pas venue pour réaliser des croisements fertiles entre ces deux courants de la littérature québécoise contemporaine[26]. Il fallut attendre le lendemain de l'échec très controversé du deuxième référendum sur la souveraineté-association, en 1995, pour voir apparaître les effets concrets de la transmigrance. Non seulement le résultat de ce dernier a été très serré (50,6 % oui, 49,4 % non), il a amené le premier ministre de l'époque, Jacques Parizeau, à blâmer en partie le « vote ethnique » comme responsable de cet échec. Ce mot malheureux, qui a eu l'effet d'une douche froide, a néanmoins fait prendre conscience de l'importance des communautés culturelles au Québec, notamment à Montréal, et sans doute ouvert la voie à une reconnaissance mutuelle de la part d'écrivains de souche et d'écrivains immigrants.

En effet, dès 1996, Monique LaRue prononçait une conférence célèbre, *L'arpenteur et le navigateur*, où elle en appelait à cette reconnaissance, fondatrice « de notre identité[27] », et Monique Proulx publiait un recueil

25 *Cf.* Gilles Dupuis, « Identités transmigrantes : le devenir des écritures migrantes au Québec », *Oltreoceano*, vol. 7, 2013, p. 83-92 et « Les écritures transmigrantes. Les exemples d'Abla Farhoud et de Guy Parent », in *Littérature, immigration et imaginaire au Québec et en Amérique du Nord*, Daniel Chartier, Véronique Pepin et Chantal Ringuet (dir.), Paris, L'Harmattan, coll. « Études transnationales, francophones et comparées », 2006, p. 259-273.

26 Pour un compte rendu de cette polémique, voir Marco Micone, *Speak What*, suivi d'une analyse de Lise Gauvin, Montréal, VLB éditeur, 2001.

27 Monique LaRue, *L'arpenteur et le navigateur*, Montréal, Cétuq/Fides, coll. « Les grandes conférences », 1996, p. 23.

de nouvelles, *Les Aurores montréales*, où elle rendait hommage à trois écrivains migrants en pastichant leur style ou en faisant référence à leur héritage culturel : Ying Chen, Dany Laferrière et Marco Micone[28]. De son côté, l'écrivain québécois Pierre Samson publie sa trilogie brésilienne après la parution du premier roman de l'écrivain d'origine brésilienne, Sergio Kokis, tandis que Guy Parent écrit *L'Enfant chinois* après avoir lu les premiers romans de Ying Chen qu'il avoue admirer. De l'autre côté de la médaille, Abla Farhoud publie un premier roman, *Le bonheur a la queue glissante*, en rappel de l'œuvre classique de Gabrielle Roy, *Bonheur d'occasion*, et sa première pièce de théâtre, *Les Filles du 5-10-15¢*, doit beaucoup à l'univers des premières pièces de Michel Tremblay. Tout se passe, dans son cas, comme si l'expérience de l'immigration rejoignait celle des Canadiens français déracinés dans leur propre pays. Bref, le trafic d'influences allait dans les deux sens, bien qu'il fût de courte durée. Si j'ai pu répertorier une dizaine de cas de transmigrance à compter de 1996, avec un point culminant atteint en 1998 (plus de la moitié des cas recensés et analysés sont apparus cette année-là), force m'a été de constater que cette nouvelle tendance est demeurée marginale au sein de la littérature contemporaine et qu'elle n'était pas destinée à perdurer. C'est que le modèle interculturel, que l'on croyait dépassé à la fin des années 1980, après avoir cédé la place au modèle transculturel, est revenu en force dans les années 2000.

En 2007-2008, le gouvernement libéral a mis sur pied la commission Bouchard-Taylor sur les accommodements raisonnables concernant les revendications des communautés culturelles minoritaires face à la collectivité majoritaire. À la suite de ses travaux, la commission a produit un rapport final invitant le gouvernement du Québec à redéfinir la société québécoise sur la base du modèle interculturel, tel que proposé en 1979 par les animateurs de la revue *Dérives*, en réponse au modèle multiculturel qui constitue la politique officielle du Canada[29]. Cette proposition des commissaires n'a pas été officiellement adoptée dans un texte de loi par le parti libéral alors au pouvoir, mais elle a été officieusement acceptée par les autres partis comme voie à suivre pour l'avenir du Québec, dont le Parti Québécois, du moins jusqu'à la victoire récente

28 *Cf.* Monique Proulx, *Les Aurores montréales*, Montréal, Boréal, 1996, p. 53, 95 et 139.

29 C'est notamment la thèse défendue par l'un des deux signataires du rapport. *Cf.* Gérard Bouchard, *L'Interculturalisme. Un point de vue québécois*, Montréal, Boréal, 2012.

de la Coalition avenir Québec (CAQ) qui a mis ironiquement un frein à cette même politique en adoptant la Loi 21 sur la laïcité de l'État et en restreignant l'accès à l'immigration sur son territoire. Il n'en reste pas moins que le modèle interculturel a triomphé du modèle transculturel sur le plan politique, ce dernier se révélant utopique pour une nation qui se définit toujours d'abord en raison de son ethnicité, la majorité québécoise francophone de souche constituant une minorité qui se voit fragilisée au sein du Canada et dans l'ensemble de l'Amérique du Nord, avant de se concevoir comme multiethnique et transnationale. Si le modèle transculturel a dépassé son rival interculturel sur le plan théorique, il semble rétrospectivement qu'il n'était pas praticable sur la scène politique, sauf dans des pays fondés d'emblée sur ce modèle, comme le Brésil ou Cuba, où le terme avait d'ailleurs pris racine avant de s'exporter à l'étranger[30].

Pour en revenir à Ying Chen, il faut rappeler que si l'expérience de l'immigration, ou même de l'exil, a pu nourrir ses premiers romans, elle s'est vite écartée de ces « passages obligés de l'écriture migrante[31] » pour tracer d'autres voies exploratoires dans l'écriture de son œuvre. Seul son deuxième roman, *Les Lettres chinoises*, raconte comme tel l'expérience de l'immigration, en confrontant différents points de vue sur la question de l'exil dans une perspective interculturelle où les cultures en présence (chinoise et québécoise, en l'occurrence) entrent timidement en dialogue, se heurtent à distance respectueuse, mais sans jamais se contaminer l'une l'autre. C'est le plus souvent à ce trait que l'on reconnaît les particularités de l'écriture migrante ou plutôt que l'on assigne aux écrivains issus de l'immigration cette épithète problématique, comme s'ils étaient destinés voire condamnés à (ré)écrire sans cesse leur expérience (douloureuse ou libératrice) de l'exil. Or Pierre Nepveu avait déjà récusé, dans une note souvent citée du chapitre de son essai où il consacrait l'expression « écritures migrantes[32] », ce sens réducteur de l'épithète lorsqu'elle est employée au singulier pour désigner une œuvre dont le processus d'écriture se résume à traiter du thème de l'immigration ou quand, appliquée à la

30 C'est au Cubain Fernando Ortiz que nous devons la fortune du terme « *transculturation* » au Québec. *Cf.* Walter Moser, « Transculturation : métamorphoses d'un concept migrateur », in *La Transculture et* ViceVersa, *op. cit.*, p. 35.

31 *Cf.* Simon Harel, *Les passages obligés de l'écriture migrante*, Montréal, XYZ, coll. « Théorie et littérature », 2005.

32 Pierre Nepveu, *L'Écologie du réel*, *op. cit.*, p. 233-234.

personne même de l'écrivain, elle devient une simple étiquette servant à l'identifier comme « immigrant ». Quant au premier roman de Ying Chen, s'il se conclut avec le départ volontaire de la narratrice qui choisit de s'exiler en Amérique, il est (tout comme son troisième roman d'ailleurs) résolument ancré dans la culture chinoise, si bien qu'il n'est pas possible d'alléguer à son sujet d'une expérience interculturelle, encore moins transculturelle (hormis le passage au français) de l'écriture. En revanche, le cycle des réincarnations, en entremêlant sans cesse deux espaces distincts et deux temporalités éloignées, peut être considéré non seulement comme transculturel, au sens où il effectue une traversée des cultures (chinoise, française, québécoise et canadienne) qui ont nourri l'imaginaire de l'auteur, mais transmigrant (au sens propre du mot cette fois-ci), en ce que sans immigrer, ni même migrer, la narratrice qu'il met en scène ne cesse de transmigrer par le truchement du motif (plus encore du mobile) de la réincarnation. Le cas de Ying Chen m'a donc amené à mon tour à infléchir le sens que je prêtais à ce mot dans mes recherches antérieures sur les écritures et les identités transmigrantes, afin de mieux rendre compte de la posture singulière de l'écrivaine chinoise depuis l'amorce de ce cycle en particulier.

MIGRER SUR PLACE

Avec son quatrième roman, *Immobile*, Ying Chen entame une nouvelle étape dans son parcours d'écrivaine qui signale un important tournant dans son œuvre. Elle en prend conscience dans deux textes parus dans son recueil d'essais *Quatre Mille Marches*. Dans le premier consacré au deuxième roman du cycle, *Le Champ dans la mer*, elle déclare : « Ce livre, qui suit *Immobile* et qui précède *Querelle d'un squelette avec son double*, fait partie d'un ensemble romanesque que je suis en train de composer, ayant comme personnage central une femme de nature ambiguë qui raconte ses vicissitudes désencadrées du temps et de l'espace[33]. » Bien que l'expression servant à désigner le cycle en cours reste vague, elle laisse entendre qu'il ne s'agissait pas seulement d'une suite ou d'une

33 Ying Chen, « À propos du *Champ dans la mer* », *op. cit.*, p 113.

série aléatoire de romans qui se succèdent dans le temps, mais d'un tout unifié qui s'organise autour d'un personnage récurrent[34]. En effet, la narratrice du cycle des réincarnations n'est pas seulement la protagoniste des romans qui le composent ; elle constitue la figure-pivot par laquelle l'unité de l'ensemble est assurée. Sa disparition énigmatique, à la fin de *La rive est loin*, signifiera d'ailleurs la fin du cycle, ou du moins sa suspension indéfinie. À l'instar de sa narratrice, la romancière aurait pu tout aussi bien dire au sujet de son cycle en gestation : « Car si je prétendais connaître parfaitement ma destination, j'ignorais encore mon itinéraire[35]. » Dans le texte suivant du recueil d'essais, l'auteur insiste sur la dimension poétique de son projet en rappelant que le choix d'organiser son cycle romanesque autour de cette narratrice ambiguë était avant tout dicté par des motifs esthétiques : « J'ai indiqué auparavant que de planter désormais mes romans dans des non-lieux et dans des temps à peine définis est d'abord et avant tout un choix esthétique, mis en pratique à partir d'*Immobile*, publié en 1998 mais nourri depuis bien plus longtemps[36]. » Si le projet de Chen remonte à une époque plus lointaine de sa carrière d'écrivain, peut-être même au tout début de sa vocation littéraire, il n'en demeure par moins que c'est dans le cycle des réincarnations qu'il trouve sa voie d'accomplissement. Les trois premiers romans de sa production littéraire ont certes préparé le terrain, en particulier *L'Ingratitude* qui mettait en scène l'artifice de la survie après la mort, prélude au motif de la réincarnation ou de la transmigration de l'âme, mais c'est seulement avec *Immobile* que ce vague projet, à l'origine, a trouvé le médium idéal à travers lequel se réaliser.

C'est dans le deuxième essai beaucoup plus tardif de l'auteur, *La Lenteur des montagnes*, dont la parution suit de près le dernier roman de la série inaugurée par *Immobile*, que le projet esthétique de Chen devient manifeste. Dès lors, elle n'hésite plus à qualifier rétrospectivement les romans qui appartiennent à cet ensemble de « cycle vertigineux[37] », tout en en livrant quelques clés de lecture : le *Yi King* ou « Livre des transformations » – cet

34 Dans son article consacré à la « figure de réincarnation » chez Ying Chen, Ziyan Yang désigne le cycle inauguré par *Immobile* de « série fantôme » en reprenant l'expression de Chen ; de son côté, Pamela Sing évoque un « cycle romanesque "fantôme" ». Je distingue pour ma part la figure du fantôme chez Chen de celle des avatars de sa narratrice.

35 Ying Chen, *Immobile*, Montréal, Boréal, 1998, p. 33.

36 Ying Chen, « En tant que moi », in *Quatre Mille Marches*, *op. cit.*, p. 119.

37 Ying Chen, *La Lenteur des montagnes*, *op. cit.*, p. 23.

ouvrage classique de la littérature chinoise qui nous enseigne que « les réalités des êtres et des choses [sont] en perpétuelle mutation[38] », lequel à son tour allait inspirer Laozi et le taoïsme dans sa conception de « la voie » basée sur le transvasement continuel du yin et du yang – ainsi que la croyance bouddhique en la réincarnation, autre figure tutélaire de la transformation de l'être en devenir[39]. Même la pensée de Kongzi (Confucius) critiquée dans ses premiers romans – notamment *La Mémoire de l'eau* et *Les Lettres chinoises* – revient dans ce qu'elle a de moins contestable aux yeux de la femme chinoise émancipée. Bref, c'est tout l'héritage ancien de la Chine qui fait retour dans l'œuvre de Ying Chen, après la brève éclipse des trois premiers romans : héritage immémorial qui se révèle après-coup être au fondement de ce qu'il convient d'appeler désormais le cycle des réincarnations, à condition de voir dans ce retour vers les origines de la sagesse chinoise non tant une philosphie de vie à laquelle adhérerait l'écrivaine (quoique plausible cette hypothèse reste invérifiable) ou une réelle croyance religieuse (la romancière s'en défend bien entre les lignes), qu'une poétique d'auteur qui vise à transposer la dimension éthique de cette sagesse millénaire dans une forme esthétique. Contrairement à Michel Biron qui voyait dans le motif de la réincarnation un « jeu un peu forcé » conférant au roman une dimension « plus artificielle[40] » que celle des romans antérieurs, le recours à cet artifice m'apparaît comme l'invention la plus ingénieuse de l'écrivaine qui réussit, en se l'appropriant, à inscrire son œuvre dans la tradition de son pays d'origine tout en lui réservant un traitement très moderne[41]. Il faut dire, à la décharge du critique, qu'il n'était pas clair au moment de sa réception qu'*Immobile* inaugurait une nouvelle manière d'écrire et de concevoir la fiction dans l'œuvre de Ying Chen, où le thème de la réincarnation ne serait pas tant un motif, justement, qu'un procédé littéraire et esthétique. Il fallait attendre la suite du cycle pour que cette intuition de l'auteur s'en trouve confirmée.

---

38 *Ibid.*, p. 21.

39 Pour un exposé plus complet sur les sources bouddhistes et chinoises dans l'œuvre de Ying Chen, en particulier ce qui concerne la « figure de réincarnation », voir l'article déjà cité de Zihan Yang, p. 331-337.

40 Michel Biron, « Autour de quelques morts », *Voix et Images*, vol. 24, nº 2 (71), hiver 1999, p. 412.

41 Il faut ajouter qu'à côté des classiques chinois cités dans son dernier essai, Chen fait référence parmi les modernes qui l'ont inspirée (Valéry, Rilke, Saint-Denys Garneau, Woolf, Rivard) à Lu Xun, considéré comme l'un des fondateurs de la littérature chinoise contemporaine. *Cf.* Ying Chen, *La Lenteur des montagnes*, *op. cit.*, p. 27.

Par là même, Ying Chen rejoint en quelque sorte la conception que se faisait Georg Lukács des formes littéraires dans sa *Théorie du roman*, l'art du romancier consistant aux yeux du philosophe à transformer en matière esthétique des éléments de sa conscience éthique. La narratrice du cycle des réincarnations peut même être considérée comme une incarnation de « l'individu problématique[42] » qui serait caractéristique du roman moderne par rapport à l'épopée, toujours selon Lukács, dans la mesure où, comme ce « héros » solitaire, elle est en quête de valeurs « authentiques » dans un monde où ces dernières se sont dégradées[43]. Seul bémol à la clé : il n'y a pas de dialectique (hégélienne, marxiste ou autre) entre la vision du monde véhiculée par l'héroïne de Chen et celle de son entourage, où elle évolue en marge de la société ; qui plus est, elle ne tente même pas de surmonter les contradictions idéologiques dans lesquelles tente de l'enfermer (en vain) le discours social, incarné, entre autres, par son mari, mais partagé aussi par ses voisins.

Conformément à cette poétique, les références au pays d'origine de Ying Chen qui étaient très présentes dans ses deux premiers romans, mais qui s'étaient passablement estompées dans son troisième, disparaissent presque complètement d'*Immobile*, dont le style s'apparente de plus en plus à « l'écriture blanche » de *L'Étranger*, telle qu'analysée par Roland Barthes dans *Le degré zéro de l'écriture*. Chen n'a d'ailleurs jamais caché son admiration pour l'œuvre d'Albert Camus, qu'elle avoue clairement dans son « Carnet de voyage en Chine » :

> Il n'y a rien de plus touchant, affirme Camus dans *Le Mythe de Sisyphe*, que cette conscience de la gratuité de son travail et ce courage d'assumer son destin. Cet essai de Camus sur Sisyphe est l'un des plus beaux textes que j'aie jamais lu sur la grandeur inutile de l'art. Sans dire combien l'auteur de *L'Étranger* a déjà attiré mon attention lorsque j'étais encore étudiante en Chine [...]. Pour moi, jusqu'à aujourd'hui, Camus reste un modèle[44].

Quoiqu'elle ne mentionne jamais le nom de Barthes dans ses essais, il n'en demeure pas moins que la lecture de *L'Étranger* que propose l'auteur du *Degré zéro de l'écriture* résonne parfaitement avec le credo de l'écrivaine

42 *Cf.* Georg Lukács, *La théorie du roman*, traduit par Jean Clairevoye et suivi de *Introduction aux premiers écrits de Georg Lukács* par Lucien Goldmann, Denoël, coll. « Tel », 1968, p. 73 et 91.

43 *Ibid.*, p. 179. Cette dernière formulation est plus redevable à Goldmann qu'à Lukács.

44 Ying Chen, « Carnet de voyage en Chine », *op. cit.*, p. 29.

qui commence à prendre forme à partir d'*Immobile*. La « nouvelle écriture neutre » inaugurée par Camus, c'est-à-dire « l'écriture au degré zéro », et poursuivie, à divers degrés, par Marguerite Duras et Nathalie Sarraute (deux écrivaines dont le nom est lié au Nouveau Roman français et qui ont vraisemblablement inspiré l'auteur de *L'Ingratitude*), est bien ce fil conducteur de l'écriture « en devenir » qui démarque le style du cycle des réincarnations de celui, plus conventionnel, pratiqué dans les romans « chinois ». À l'instar de Camus – et pour citer Barthes à nouveau – Chen y « accomplit un style de l'absence qui est presque une absence idéale du style[45] ». Or ce style sied parfaitement à la narratrice fantomatique que son cycle met en scène : un style volontairement désincarné pour dire les aléas fugaces d'une existence sans cesse réincarnée.

L'intrigue du premier roman cyclique se réduit à bien peu de choses : une femme, mariée à un archéologue, qui est aussi professeur d'université, se rappelle l'une de ses vies antérieures où elle était une chanteuse d'opéra liée à un prince, dont elle fut la « troisième épouse[46] », tout en entretenant une relation inconvenante avec son serviteur. L'intérêt du roman ne consiste pas tant dans l'histoire narrée de la vie passée de cette femme, qui reste somme toute banale malgré quelques éléments *exotiques*, en se résumant à une histoire d'adultère sur fond d'intrigue de palais, que dans la façon avec laquelle l'auteur s'y prend pour en faire le récit décalé. Confié à une narratrice innomée, voire « innommable » (en référence cette fois à Beckett), le récit nous transporte à une époque ancienne, mais qui reste floue, et dans un lieu géographique tout aussi vague, malgré quelques signes qui connotent la « *sinité*[47] ». À l'époque contemporaine, où elle est mariée à A…, la narratrice mène une vie sans histoire, dépourvue d'intérêt proprement romanesque, alors que dans son existence antérieure elle vit un conte romantique aux effluves surannés. Tout l'intérêt du roman résulte du heurt de ces deux temporalités et lieux de l'histoire qui polarisent à tour de rôle la narration.

L'acte de narration qui inaugure le cycle des réincarnations observe strictement l'alternance des deux histoires racontées en parallèle d'un chapitre à l'autre du roman qui en comporte douze, à une exception près. Inauguré, comme il se doit, par le récit de la narratrice à l'époque

45 Roland Barthes, *Le Degré zéro de l'écriture* suivi de *Nouveaux essais critiques*, *op. cit.*, p. 56.
46 Ying Chen, *Immobile*, *op. cit.*, p. 25.
47 Roland Barthes, *Mythologies*, Paris, Seuil, coll. « Points », 1957, p. 206.

contemporaine, il se conclut par un retour à la situation initiale, l'exception à la règle intervenant aux chapitres 7 et 8 qui font basculer l'ordre des récits. Si les chapitres impairs étaient dévolus au récit contemporain et les chapitres impairs impartis au récit ancien, les deux chapitres situés au cœur du roman font coexister brièvement les deux temporalités avant d'inverser l'ordre chronologique de la narration : à partir du chapitre 9, les chapitres impairs concernent le récit ancien et les chapitres pairs le récit contemporain. Cette structure en miroir confère au roman une autre dimension temporelle : s'y reflète le destin de la narratrice qui réfléchit à sa vie ancienne à l'époque contemporaine, selon le cours normal du récit mémoriel, tandis que son existence antérieure contient en son germe celle à venir comme dans une mise en abyme anticipée, temporalité qui sied davantage au « récit de réincarnation ». Ce double mouvement de la narration, du présent vers le passé et du passé vers l'avenir, rythme non seulement l'écriture d'*Immobile*, mais de manière plus générale l'ensemble du cycle qu'il inaugure et dans lequel il s'inscrit, dès l'origine, telle une matrice génératrice de sens.

Il faut s'attarder assez longuement au premier chapitre de ce roman inaugural, car il contient à son tour les germes de ce que l'auteur va développer par la suite d'un roman à l'autre du cycle qu'il contribue à éclairer. Dès l'incipit, la logique bouddhique qui préside au récit de réincarnation est mise en lumière :

> Bien que je n'aie pas connu ma dernière mère, je me souviens toujours de la pénombre humide, de la chaleur écrasante de ce tunnel si étroit, coincé parmi tant d'organes digestifs, où la lumière est encore un rêve. Tout semble provenir de là, de la profondeur des origines coulent les premiers pleurs de l'être. Maintenant je suis devenue moi aussi une origine que j'espère stérile, séchée, ne pouvant procurer ni joie ni peine, fabriquer ni héros ni lâche[48].

L'extrait fait référence à une naissance bien naturelle – le passage du nouveau-né par le col étroit de l'utérus –, mais il y est surtout question de réincarnation puisque la narratrice, qui ne se souvient plus de sa « dernière mère » (ce qui suppose d'emblée qu'elle en a déjà eu plusieurs), garde tout de même le souvenir de ce passage obligé par la « matrice », terme générique par lequel les bouddhistes désignent le lieu

48 Ying Chen, *Immobile*, *op. cit.*, p. 7.

de la prochaine réincarnation de l'être[49]. Détail à souligner, ce lieu de passage est évoqué dans le texte par le mot « tunnel », qui à ce stade-ci de l'analyse de l'œuvre n'est qu'une métaphore pour signifier le sexe de la mère, mais qui servira par la suite à désigner la figure de l'écrivain migrant avec laquelle Ying Chen a fini par se réconcilier.

Devenue elle-même une origine, la narratrice d'*Immobile* espère que cette dernière demeurera stérile, privée de progéniture, ce qui sera effectivement le cas dans la suite du cycle, sauf pour le bref intermède que constitue l'enfant adoptif d'*Un enfant à ma porte*. Et même dans ce cas, la descendance ne sera pas assurée par voie naturelle, mais par adoption « spontanée ». Pour le moment, le désir de stérilité de la femme réincarnée coïncide avec son fantasme de parthénogenèse, d'être à elle-même sa propre origine : « Ma naissance est due à ma propre volonté. Je dois naître[50]. » Cet impératif ne la soustrait pas pour autant au cycle des réincarnations, dont il faut rappeler du point de vue bouddhique qu'il s'agit d'une malédiction à laquelle seule la véritable et définitive « renaissance » de l'être – qui adviendra quand il cessera justement d'être un sujet qui dit « je » – peut mettre un terme : « La (re)naissance n'est donc pas facultative, mais nécessaire au développement du *samsara*[51]. » La narratrice en est d'ailleurs pleinement consciente : « Encore une fois, je suis moi. Je ne suis pas sortie du cycle[52]. » Au cours de son existence cyclique, elle n'échappera pas en effet à la malédiction de la réincarnation, dont le principal malheur réside dans le fait d'avoir été au moins une fois « conçue » et mise au monde. Vu sous cet angle, le fantasme de parthénogenèse est un déni de la première naissance qui est à l'origine du cycle : « Je désire m'inventer des ancêtres à moi, mais je sais la chose impossible. J'ai vécu avant mes parents. À la limite je peux prétendre que je suis mon propre ancêtre[53]. » Il y a dans

49 *Cf.* Padmasambhava, *Le Livre des morts tibétain* (*Bardo Thödröl Chenmo*), traduit du tibétain et commenté par Philippe Cornu, Paris, Buchet/Chastel, 2009 (en particulier le chapitre III consacré au « *bardo* du devenir », p. 503-676).

50 Ying Chen, *Immobile*, *op. cit.*, p. 7.

51 Émile J. Talbot, « Conscience et mémoire : Ying Chen et la problématique identitaire », *Nouvelles Études Francophones*, vol. 20, n° 1, 2005, p. 154. Le terme « samsara » désigne dans le bouddhisme le cycle des réincarnations en tant que tel, à travers les différents états de transition (ou de transmigration) que doit traverser l'adepte, encore prisonnier de la souffrance, de l'ignorance et de son attachement au monde, avant de réaliser sa renaissance (ou sa libération du cycle).

52 Ying Chen, *Immobile*, *op. cit.*, p. 7.

53 *Ibid.*, p. 9.

ce désir qui désavoue le lieu véritable de l'origine, soit les parents « réels » au profit d'ancêtres « inventés », et qui finit par substituer à ces derniers une forme autosuffisante d'engendrement, une variation originale sur le thème freudien du « roman familial des névrosés » que Marthe Robert perçoit comme la matrice même du roman, du moins dans sa version occidentale[54]. Cette matrice aurait donné lieu à deux grands cas de figure qui polarisent l'histoire héroïque du roman : le Bâtard réaliste, dont le prototype moderne serait Robinson Crusoé, et l'Enfant trouvé fantaisiste, représenté par Don Quichotte ; or ces deux figures se combinent chez Ying Chen à travers celle de l'Orphelin, qui en est réduit à se réinventer faute de pouvoir *inventer* (au sens ici de trouver[55]) ses origines. Dans *Immobile*, la narratrice se présente d'ailleurs d'emblée comme une orpheline de dix-huit ans que son futur mari a recueillie au bord de la route : « Je sortais de l'orphelinat et on m'avait proposé un travail d'animation, là-bas au bord de la mer, dans un centre pour enfants en difficulté[56]. » « J'ai enfin quitté cet endroit, à dix-huit ans, après avoir subi des tests d'intelligence et des examens du cerveau[57]. » Depuis, sa condition d'orpheline, d'abord subie puis revendiquée, ne va plus la quitter. Bien qu'il s'agisse d'un désaveu au sens psychanalytique du mot, le sujet s'aveuglant au lieu même de son origine[58], ce désir d'échapper à la génération en se réinventant comme « Origine » absolue constitue un puissant moteur de la fiction chez Chen, fiction qui trouvera dans les romans subséquents du cycle, en particulier dans *Querelle d'un squelette avec son double*, sa plus parfaite expression.

Dès son incipit, *Immobile* donne ainsi le ton au cycle en gestation. Comme tous les romans qui appartiennent à cet ensemble, il commence *in media res* en plongeant le lecteur au cœur des « vicissitudes désencadrées du temps et de l'espace » que vit la narratrice. À ces imprécisions spatio-temporelles s'ajoute celle entourant le nom des deux autres personnages principaux de l'intrigue : (A) le mari dans le récit

54 *Cf.* Marthe Robert, « Raconter des histoires », in *Roman des origines et origines du roman*, *op. cit.*, p. 41-78.

55 C'est le sens du mot « invention » dans « L'Invention de la sainte Croix » et « L'Invention du corps de saint Étienne » dans *La Légende dorée*. *Cf.* Jacques de Voragine, *La Légende dorée*, Paris, Gallimard, coll. « Bibliothèque de la Pléiade » 2004, p. 363 et 577.

56 Ying Chen, *Immobile*, *op. cit.*, p. 33.

57 *Ibid.*, p. 54.

58 *Cf.* Guy Rosolato, « Étude des perversions sexuelles à partir du fétichisme », in *Le désir et la perversion*, P. Aulagnier-Spairani et als (dir.), Paris, Seuil, coll. « Points », 1967, p. 10-11.

contemporain ; (S) l'amant dans le récit ancien. Or les initiales (suivies de trois points de suspension dans le texte) qui servent à les désigner dans ce roman renvoient à la profession ou à la fonction exercée par chaque personnage plutôt qu'à son identité civile : A… pour archéologue, S… pour serviteur. Il pourrait également s'agir d'un clin d'œil littéraire à la convention classique selon laquelle le nom d'une personnalité connue se devait d'être tu, bien que rien dans le roman (et dans celui qui lui succédera) ne permet de croire qu'il en est réellement ainsi au plan de l'intrigue. Si connivence il y a (de l'auteur au lecteur), nous sommes tout de même à des années lumière de la fiction classique des romans à clef ! Rien à déchiffrer ici, si ce n'est l'artifice d'une littérature qui s'affiche en tant que telle. Par la suite, Chen va renoncer aux points de suspension en se contentant de désigner les personnages secondaires du cycle par leur initiale suivie d'un simple point ; mais là encore, l'initiale renverra à la nature (fonction ou profession) du personnage plutôt qu'à un patronyme tronqué.

Contrairement aux romans précédents de l'auteur, il n'y a plus d'indices clairs dans *Immobile* qui puissent nous certifier que l'action du récit, ou plutôt de l'un des deux récits qui en composent la trame narrative, se passe bel et bien dans le pays natal de l'auteur. La Chine n'est pourtant pas entièrement absente de ce roman quasi privé de points de repère. À l'époque contemporaine, la narratrice dit avoir rencontré son mari « moderne » (dans le double sens du mot : son époux actuel, qui s'avère aussi un homme aux idées progressistes) dans un train en direction ouest, mais sans autre précision de lieu : « J'ai rencontré A… dans le train qui devait me conduire sur la côte ouest[59]. » Le lecteur ne peut déduire de ce vague indice s'il s'agit ou non de Vancouver (où habitait Chen au moment d'entreprendre l'écriture de son roman), mais il sait d'office qu'il ne peut s'agir du pays natal de l'écrivaine, la Chine n'ayant pas de côte occidentale. En revanche, à l'époque ancienne de son récit mémoriel, elle se souvient d'avoir vécu dans un palais qui, par certains signes, rappelle la « cour féodale[60] » à Pékin : chanteuse dans une troupe d'opéra, elle se met « à chanter du folklore[61] », ce qui sied davantage à l'opéra chinois qu'à sa version occidentale ; par deux fois, elle

59 Ying Chen, *Immobile*, *op. cit.*, p. 33.
60 *Ibid.*, p. 23.
61 *Ibid.*, p. 66.

fait référence à la « soie[62] » du vêtement du prince ou de sa robe ; enfin, elle évoque le « goût d'opium[63] » de son amant, cependant qu'elle lui réclame « un thé brûlant[64] » qu'elle jettera par terre pour le contrarier.

Tous ces signes discrets connotent la « sinité », comme l'écrivait Barthes dans ses *Mythologies* en référence à l'idée que se faisait naguère le petit-bourgeois français de la Chine : « pour ce mélange spécial de clochettes, de pousse-pousse et de fumeries d'opium, pas d'autre mot possible que celui de *sinité*[65]. » Or si le sémiologue occidental s'est intéressé davantage au signe japonais – « fort » et « vide » – dans son *Empire des signes*[66], lequel de par sa vacuité ou son opacité lui consentait de l'investir à sa guise à travers le fantasme, c'est à l'« Empire des signes », pris au sens littéral de l'expression, que Chen s'attelle dans *Immobile*, en rendant chaque signe chinois irréductible à une lecture de type sémiotique, qu'elle émerge de l'Occident ou de l'Orient. En effet, chacun des signes de la sinité dans ce roman peut être lu à la limite comme appartenant à une autre culture, en accord avec le credo de l'auteur qui voudrait que dans son écriture « chaque phrase, sinon chaque mot, ait un sens double ou ambigu[67] ». Le fait même d'être la troisième épouse d'un prince qui s'apprête à en prendre une quatrième peut, à défaut d'être une pratique chrétienne au Moyen-Âge, renvoyer culturellement à l'Islam (également présent en Asie). C'est dans cet entre-deux sémantique en apparence neutre, ou mieux « neutralisé », que se tient le signe ambigu de l'écriture dans le cycle des réincarnations.

Un seul détail du roman nous interdit par contre d'identifier le lieu du palais évoqué dans le récit de la vie antérieure de la narratrice avec la topographie chinoise, malgré les autres indices qui pointent en ce sens. Ce détail significatif apparaît ou plutôt transparaît vers la fin du roman lorsque, effectuant un pèlerinage avec son mari actuel au pays de ses ancêtres, la narratrice précise qu'il s'agit d'une « ville maritime à l'ouest du pays[68] ». La Chine n'a évidemment pas de frontière maritime

62 *Ibid.*, p. 28 et 64.
63 *Ibid.* p. 69.
64 *Ibid.*
65 Roland Barthes, *Mythologies*, *op. cit.*, 1957, p. 206.
66 Roland Barthes, *L'Empire des signes*, Genève/Paris, Skira/Flammarion, coll. « Les sentiers de la création / Champs », 1970, 4e de couverture.
67 Ying Chen, « À propos du *Champ dans la mer* », *op. cit.*, p. 116.
68 Ying Chen, *Immobile*, *op. cit.*, p. 132.

à l'ouest, contrairement au Japon ou la Corée. Qui plus est, cette ville maritine située « à l'ouest du pays », dans le souvenir de la narratrice, se superpose à « la côte ouest » où elle dit avoir rencontré A… dans sa présente vie. Non seulement l'impression du vague persiste, mais il semble y avoir confusion dans l'esprit de la jeune femme, si ce n'est une contradiction entre les termes : logiquement, nous sommes soit en Chine, soit ailleurs, mais il est impossible, le cas échéant, de déterminer la localisation de cet ailleurs « utopique » (au sens originel du terme) ; ou alors nous sommes simultanément en Chine et hors de l'Empire du Milieu, ce qui peut très bien convenir à une transmigrante qui ne cesse de migrer d'un lieu à l'autre de ses existences, mais selon une tout autre logique que celle, euclidienne, de l'espace. Tout se passe, en fait, comme si Ying Chen avait voulu faire croire au lecteur à un cadre référentiel chinois, tout en le déconstruisant dans le texte ou à tout le moins en le délocalisant dans l'espace de sa représentation mentale. Sans doute, le rapport problématique de l'écrivaine à son origine, maintes fois attesté dans ses essais et réitéré dans ses romans, l'a amenée à cultiver ce flou artistique entourant les lieux où se déroule l'intrigue de son quatrième roman ; mais ce motif explique-t-il à lui seul la confusion entretenue autour de la référence chinoise dans ce roman et ceux à venir ?

L'immobilité de la narratrice, signalée d'entrée de jeu par le titre concis du roman qui se répercute à plusieurs reprises dans le texte, n'est pourtant que relative. Notons de prime abord qu'elle signale un désir velléitaire de sa part plutôt qu'un vœu accompli : « J'aurais aimé m'asseoir dans un petit coin, lasse et immobile, passer mes jours à contempler ce monde qui n'intéresse que les étrangers, et avec le paysage duquel je n'ai pas à me confondre[69]. » Par la suite, dans une séance de « méditation du souffle » (autre trait oriental) qu'elle partage avec son mari, ce vœu pieux se transforme en posture zen, où l'immobilité recherchée est presque atteinte – « [l]e dos dressé, les épaules détendues, le corps presque immobile[70] » –, sauf pour elle qui manque de détermination : « Il y faut un courage stoïque et une intelligence particulière, et je ne possède ni l'un ni l'autre[71]. » La narratrice allègue sa paresse, sa faible volonté voire sa lâcheté pour expliquer son impossibilité d'atteindre cet

69 *Ibid.*, p. 12-13.
70 *Ibid.*, p. 94.
71 *Ibid.*

état de grâce, auquel a pourtant accès son mari scientifique[72], et qui se confond avec la prescience du Nirvana dans l'esprit bouddhiste. Elle n'accédera à l'acédie totale qu'à la toute fin du roman, quand elle refusera de suivre son mari qui veut la ramener au bercail après le pèlerinage à la terre de ses ancêtres.

Si elle tend à vouloir demeurer à la même place, dans l'espace, au point de paraître apathique aux yeux de son mari (et du lecteur), allégant même comme motif de cette immobilité factice son « extrême paresse[73] », en ce qui concerne le temps elle est au contraire extraordinairement mobile. Sujette au cycle des réincarnations, elle se déplace par l'action seule de la mémoire d'une époque à l'autre de ses nombreuses vies. Il s'agit à la lettre d'une « mémoire nomade[74] », pour reprendre l'expression de la théoricienne féministe Rosi Braidotti, qui consent à la narratrice de voyager dans l'espace et dans le temps. Ce roman mémoriel est donc aussi un roman « migrant », mais très différent en substance de la veine que Ying Chen avait exploitée dans ses deux premiers romans, notamment dans *Les Lettres chinoises*. Dans ces derniers, en effet, la migrance était liée à l'immigration (de l'écrivaine et de ses personnages) et au thème de l'exil (volontaire ou rendu nécessaire par les circonstances). Dans un cas comme dans l'autre, il s'agissait d'un déplacement physique effectué par des expatriés. Dans *L'Ingratitude*, qui sert de pivot entre les deux premiers romans et le cycle des réincarnations, la migrance prenait déjà la forme d'un déplacement immatériel hors du corps vers un plan que l'on ne peut qualifier que d'imaginaire. Il ne s'agissait pas encore d'une réincarnation, de la transmigration d'une âme dans un autre corps, mais bien plutôt d'une désincarnation suivie d'une forme évanescente de survivance, qui prend l'aspect dans le récit de la fumée qui s'échappe du banquet funéraire donné en l'honneur de la narratrice incinérée et à travers laquelle son aura flottante revient hanter le lieu de sa naissance et le théâtre de son existence. Avec *Immobile*, cependant, il faut entendre l'expression galvaudée au sens très particulier que lui confère l'auteur dans *La Lenteur des montagnes* :

72 « Mon mari devient bientôt très avancé dans cette pratique, car il a acquis pendant ses longues études le pouvoir de se concentrer. » *Ibid.*, p. 95.

73 *Ibid.*, p. 83.

74 Rosi Braidotti, *Nomadic Theory*, New York, Columbia Unity Press, 2011. Citée par Julie Rodgers, « "On s'occupe du multiple, on tourne le dos à l'unité" : Ying Chen and Nomadic Figurations of the Subject », *Québec Studies*, n° 59, Spring/Summer 2015, p. 62.

> Dans cette aventure, la première chose que l'écrivain migrant – si nous devons l'appeler ainsi – rencontre de façon sûre et certaine est peut-être bien ce bureau en désordre, ce tunnel ténébreux, un lieu étrange qui n'est pas vraiment un lieu mais qui est *absolument immobile*, où l'on distingue à peine le jour de la nuit, une arrivée d'un départ[75].

En vertu de sa capacité singulière à voyager dans le temps à travers ses multiples avatars, la narratrice d'*Immobile* serait plutôt une *transmigrante* soumise à « l'incessante errance[76] » ; une femme « fatale » marquée par le sceau du destin et qui ne peut échapper à la transmigration de l'âme – et du corps – qu'elle vit telle une malédiction dont elle cherche en vain de s'affranchir. S'il y a exil, c'est bien plutôt d'un exil intérieur dont il s'agit que d'une quelconque forme d'ostracisme. Entre métamorphose et métempsychose, nul repos possible pour celle qui voudrait tant demeurer immobile et mettre fin, une fois pour toutes, au cycle infernal des réincarnations. Le Nirvana ou la Terre pure, selon le bouddhisme zen, ou encore son équivalent philosophique occidental, l'ataraxie, n'est pas encore à sa portée, bien qu'il semble avoir été atteint (sous le signe de la folie) aux yeux du mari perplexe voire incrédule. En effet, tout au long du cycle des réincarnations, ce dernier restera patiemment aux côtés de sa femme, supportant ses étranges lubies bien qu'il se révèle incapable de les comprendre. Côte à côte, étrangers à eux-mêmes, ils vivront dans deux dimensions différentes, deux mondes parallèles destinés à ne se rejoindre qu'à la toute fin du cycle qui les lie néanmoins inextricablement l'un à l'autre.

Pour souligner ce parallélisme exacerbé, Ying Chen a repris dans *Immobile* la technique du récit alterné qu'elle avait expérimentée dans *L'Ingratitude*. Mais tandis que dans le roman précédent elle évitait de confondre les deux temporalités du récit – le récit « posthume », d'outre-tombe, de Yan-Zi et celui des événements antérieurs, constitué de retours en arrière servant à renseigner le lecteur sur les raisons qui l'ont poussée au suicide –, dans le roman qui inaugure le cycle des réincarnations, elle prend plaisir à brouiller les frontières entre les deux plages narratives (le récit contemporain et le récit ancien), entretenant entre elles une confusion délibérée qui finit par aboutir à une forme de fusion : confusion des lieux, l'énigmatique côte ouest du

75 Ying Chen, *La Lenteur des montagnes.*, *op. cit.*, p. 54-55. Je souligne.
76 Ying Chen, *Immobile*, *op. cit.*, p. 155.

récit contemporain se rabattant sur la ville maritime du récit ancien; des temporalités, le présent se fondant dans le passé et le passé revenant hanter le présent; et des personnages, A... et S... se superposant dans la mémoire défaillante de la narratrice. À la fin du roman, quand elle décidera de ne pas suivre son mari sur la voie du retour mais de demeurer plutôt sur celle du souvenir, elle aura en effet cette réflexion : « Maintenant qu'il ne sera plus là, sa voix et son corps commenceront à me hanter, si bien que le souvenir de ce mari moderne se superposera peu à peu à celui de l'amant ancien[77]. »

À n'en pas douter, l'anamnèse constitue le moteur du récit dans *Immobile*, ce qui le fait entrer dans la catégorie générique du « roman mémoriel[78] » théorisé par Régine Robin. Le critique Émile J. Talbot n'hésite pas, pour sa part, à faire de la mémoire l'élément constitutif de l'identité de la narratrice du cycle des réincarnations, comme il le rappelle au début de son article consacré à cette question dans l'œuvre de Ying Chen :

> Cet essai a pour but de tracer la trajectoire de la mémoire dans l'œuvre de Chen, en particulier le rôle que joue cette faculté dans la problématique privilégiée de son œuvre, à savoir celle de l'identité. Nous proposerons que ses textes peuvent être lus comme une méditation, en voie d'approfondissement au cours de romans successifs, sur les possibilités de la mémoire comme faculté constitutive du moi et ainsi comme garante de l'identité[79].

Si la mémoire joue un rôle important dans la fiction de Chen, au point d'offrir au lecteur une belle « méditation » sur ses potentialités thématiques et formelles, il est moins sûr qu'elle serve à constituer une identité stable voire une quelconque configuration identitaire. En effet, la tentative de la narratrice de recouvrer ses souvenirs anciens pour donner sens à sa vie actuelle se bute sans cesse à une forme d'amnésie qui lui fait perdre le fil des événements :

> Lorsqu'il s'agissait de faire appel à ma mémoire, d'expliquer l'histoire, de remonter aux origines de destin, je n'ai pas su détacher les événements de la

77 *Ibid.*, p. 153.

78 *Cf.* Régine Robin, *Le Roman mémoriel : de l'histoire à l'écriture du hors-lieu*, Longueuil, Le Préambule, coll. « L'Univers des discours », 1989.

79 Émile J. Talbot, « Conscience et mémoire : Ying Chen et la problématique identitaire », *op. cit.*, p. 149.

> pénombre confuse, puis me les représenter figés dans l'air pur d'un drame intégral où la durée du temps ne compte pas, où la chute et la remontée des corps signifient peu de choses[80].

Entre anamnèse et amnésie, la narratrice d'*Immobile* ne réussit jamais à s'ancrer dans le réel. Elle échappe à la logique rationnelle de son mari archéologue qui, en dépit de sa profession (relevons ce trait ironique de la part de l'auteur), se montre inapte à suivre son épouse dans les méandres de sa quête obscure des origines. D'une « espèce » différente de lui (ce terme emprunté à la phylogénétique résonnera ailleurs dans le cycle, jusqu'à suggérer le titre d'un des romans en particulier), elle répond à une autre logique, irrationnelle aux yeux de ce scientifique moderne mais qui ressemble étrangement à celle de l'inconscient freudien, lequel ne reconnaît ni le temps chronologique, ni la contradiction logique. Sensible en particulier dans le travail du rêve, cette raison « illogique » (eu égard au *logos* grec) confère au récit de la narratrice une aura onirique : seule au monde – et en ce sens aussi « immobile » – elle finira tel un déchet surréaliste parmi « les ordures du temps méconnaissable[81]. »

Le malentendu qui s'est immiscé dans le couple s'explique, entre autres, par le fait qu'aux yeux de la femme, elle et son mari appartiennent à deux espèces différentes. Le mot est récurrent dans *Immobile.* Avant d'être employé au propre, il est utilisé au sens figuré pour signifier « caste » ou « race ». Dans le récit de sa vie antérieure, elle se désigne comme appartenant à une espèce inférieure : « D'ailleurs, à ce moment-là, à l'intérieur de la maison du prince, mon espèce valait moins que les domestiques, avait moins d'influence sur le maître, méritait moins de bonheur[82]. » À cette époque de son existence, la narratrice se situait plus bas dans l'échelle hiérarchique que S…, le serviteur du prince qui était aussi son amant illégitime. Le mot revient immédiatement après pour désigner la pureté de la race de son mari A… dans sa vie actuelle, en lien avec son livret généalogique : « Lui-même est d'une espèce très exacte, très pure[83]. » Dans un cas comme dans l'autre, c'est le rang occupé dans la hiérarchie sociale qui est désigné par le terme générique : l'estime de soi est réservée aux hommes qui occupent un échelon plus élevé,

80 Ying Chen, *Immobile*, *op. cit.*, p. 36.
81 *Ibid.*, p. 156.
82 *Ibid.*, p. 8.
83 *Ibid.*, p. 9.

même quand il s'agit d'un domestique, tandis que la femme infériorisée est vouée à l'auto-dépréciation. Il s'agit là, bien sûr, de la conception confucéenne de la place réservée à la femme chinoise dans la hiérarchie sociale, conception qui avait été récusée dans *La Mémoire de l'eau* mais qui revient ici apparemment sans condamnation de la part de la narratrice du cycle des réincarnations. Il faut préciser toutefois qu'elle parle de qui elle était à une époque où prévalait en Chine cette doctrine. L'explication du paradoxe survient seulement vers la fin du roman. Le terme cesse alors de référer à une situation de classe ou une position hiérarchique pour prendre un sens plus moderne, scientifique, emprunté à la théorie des espèces de Darwin. Se remémorant la figure du bourreau qui s'apprête à décapiter son amant fautif dans son ancienne existence, la narratrice en conclut : « La place des bourreaux est donc indéniable dans l'histoire, leur contribution importante pour l'évolution des espèces, car ce sont eux qui assurent la sélection naturelle et maintiennent l'équilibre de la planète[84]. » Puis, anticipant ses retrouvailles avec la mer qui est le but de son voyage avec A… sur les traces de sa vie antérieure, elle constate comme une vérité allant de soi : « Qui s'adapte subsiste[85]. » Ce qui ressort dans ce passage d'une conception antique et figée de l'espèce à sa conceptualisation moderne et transformative, c'est à quel point l'homme et la femme y sont perçus comme appartenant à des espèces différentes qui évoluent sur des plans distincts et à des rythmes décalés les uns par rapport aux autres. C'est du moins ce qui distingue dans *Immobile* l'espèce à laquelle appartient la narratrice de celle dont se réclame son mari.

En effet, deux conceptions irréconciliables de l'origine s'affrontent dans ce roman phare de Ying Chen, annonciateur des autres à venir : celle du mari archéologue, fondée sur le « livret généalogique » qui retrace la lignée patrilinéaire de sa famille en attestant « la pureté de son sang[86] », et celle de sa femme qui découle de la mémoire de ses vies antérieures, où les souvenirs familiaux s'évanouissent au profit d'un fantasme de parthénogenèse ou d'auto-engendrement. Dans un passage éloquent du roman, la narratrice évoque tout à la fois la possibilité de la réincarnation, son refus de la génération, son indifférence face à l'origine et sa propre volonté d'exister par elle-même :

84 *Ibid.*, p. 134.
85 *Ibid.*, p. 145.
86 *Ibid.*, p. 9.

> La réincarnation – s'il s'agit bien de cela dans mon cas – n'est qu'une fausse naissance, je crois. Et je ne dois pas avoir de parents. Une fois, on a prétendu avoir trouvé mes parents. Une femme et un homme ont avoué m'avoir produite et ensuite jetée dans une poubelle. J'ai refusé de les voir. Je me souviens que, pendant l'une de mes existences, je me suis tuée pour une mère et l'expérience m'a suffi. Sortir d'un ventre ou d'un autre n'a pas d'importance pour moi. J'existe, tout simplement. J'existe avant ma naissance et après ma mort[87].

Notons d'emblée que si elle doute de la réincarnation, elle perçoit tout de même que celle-ci, en accord avec la croyance bouddhiste, ne peut être qu'une « fausse naissance ». La renaissance est en effet ce qui signale la sortie du cycle des réincarnations, et pour le moment la narratrice est encore prisonnière de ce cycle qui ne donne lieu qu'à de fausses naissances (autant dire des « fausses couches »). Elle insiste aussi sur le fait qu'elle ne doit pas avoir de parents. Cet impératif catégorique l'amène à nier tout lien de parenté avec ceux qui pourraient se prétendre ses géniteurs. Par la suite, elle établit un lien discret avec la narratrice de *L'Ingratitude*, qui avait quant à elle une identité bien réelle quoique posthume : habile stratagème de l'auteur qui lui permet de raccorder le cycle inauguré par *Immobile* au roman précédent qui lui sert à la lettre de pré-texte, Yan-Zi devenant rétroactivement l'un des avatars de la narratrice sans nom[88]. Enfin, elle réitère son désir d'exister sans origine définie. Nous sommes très près ici des personnages que Samuel Beckett a mis en scène dans sa « trilogie » – *Molloy*, *Malone meurt* et *L'Innommable* – ainsi que dans ses pièces de théâtre plus tardives où ils se réduisent à des rebuts ou détritus de l'Histoire. Il y a même dans *L'Innommable* un passage où le narrateur beckettien, questionnant ses origines incertaines, s'imagine être son propre ancêtre, en des termes que n'aurait pas reniés la narratrice de Chen : « C'est entendu, moi qui suis en route, de paroles plein les voiles, je suis aussi cet impensable ancêtre dont on ne peut rien dire. Mais j'en parlerai peut-être, et des temps impénétrables où j'étais lui, quand eux ils se seront tus, enfin persuadés que je ne naîtrai jamais, faute de m'être laissé concevoir[89]. »

87 *Ibid.*, p. 51.

88 Bien qu'innomée dans l'ensemble des romans qui le compose, la narratrice du cycle des réincarnations n'est pas pour autant dépourvue de nom ou d'une identité civile. Dans l'avant-dernier roman du cycle, son mari décline avec réticence le prénom de sa femme à la police qui enquête sur sa disparition mystérieuse, mais celui-ci ne nous est pas autrement divulgué, le récit se contentant de rapporter qu'« il prononce le prénom de son épouse disparue. » Ying Chen, *Espèces*, Montréal, Boréal, 2010, p. 167.

89 Samuel Beckett, *L'Innommable*, Paris, Minuit, 2004 [1953], p. 110.

Ce fantasme de parthénogenèse qui ne cesse d'habiter la narratrice du cycle des réincarnations l'amène à avancer dans le roman qui l'inaugure des propositions en apparence absurdes, comme nous l'avons vu, mais tout à fait logiques dans le cadre d'une fiction d'inspiration bouddhiste qui tente de remonter, en deça de toute origine temporelle, à une origine encore plus originelle. Or cette « origine sans origine » se confond in extremis avec le néant (sartrien), la pulsion de mort (freudienne) ou encore le vide (taoïste) : « Les quelques siècles de vicissitudes racontées dans d'innombrables livres égalent le néant que j'ai traversé en un clin d'œil. Personne ne veut l'avouer. C'est pourtant facile à constater. On aime tant la fiction. On ignore le vide. Tout le monde vient du vide et personne ne s'en souvient[90]. » Derrière cette opposition qui dresse l'une contre l'autre la conception judéo-chrétienne de l'origine, incarnée par le mari « rationnel », et une conception bouddhique forcément « irrationnelle » (aux yeux du scientifique), tour à tour incarnée, désincarnée, puis réincarnée par la narratrice, se profile une critique féministe subtile du patriarcat représenté dans le récit par le livret généalogique de l'homme : « Ce livret aurait pu être plus épais si on y avait ajouté toutes les femmes de la famille. Pour simplifier les choses à l'intention des générations à venir, on a décidé que cet arbre généalogique serait exclusivement masculin[91]. » Si le mari ne jure que par cette fiction arborescente qui atteste « la pureté de son sang », l'origine *désorientée* de sa femme semble davantage répondre à la logique proliférante du rhizome que les philosophes schizo-analytiques (ou anti-psychanalystes), Deleuze et Guattari[92], opposaient au modèle dualiste de l'arbre, avec ses ramifications bien visibles dans le ciel et son tronc solidement enraciné dans la terre : « Je me baignais dans les eaux fluides du temps sans l'intention de m'arrimer où que ce soit[93]. » Comme je l'ai rappelé en introduction de cette étude, Ying Chen est une écrivaine de source, non de souche, ce qui la distingue des écrivains québécois qui se réclament

90 Ying Chen, *Immobile*, *op. cit.*, p. 124.

91 *Ibid.*, p. 9.

92 *Cf.* Gilles Deleuze et Felix Guattari, *Rhizome – Introduction*, Paris, Minuit, 1976. – C'est en des termes similaires que la critique irlandaise, Julie Rodgers, caractérise la « dynamique rhizomatique » qui serait au cœur de la conception du sujet chez Chen. *Cf.* Julie Rodgers, « "On s'occupe du multiple, on tourne le dos à l'unité" : Ying Chen and Nomadic Figurations of the Subject », *op. cit.*, p. 58-59.

93 Ying Chen, *Immobile*, *op. cit.*, p. 134.

de souche française, mais aussi de tout écrivain bien enraciné dans son terroir. De tous les philosophes grecs, seul Héraclite avait eu prescience de cette sagesse millénaire qui irrigue la pensée chinoise, en stipulant qu'on ne se baignait jamais dans le même fleuve.

Malgré cet aveu déjoué par la logique même du récit (et la suite du cycle), tout le drame de cette femme qui n'arrive pas à s'ancrer dans le cours du temps, ni dans un lieu précis, découle de sa dérive existentielle qui lui fait inconsciemment rechercher le rivage où elle pourrait accoster, élire domicile et s'affranchir enfin du cercle vicieux des réincarnations. Entre rive et dérive, elle se laisse porter à contre-courant de la vie par le courant plus puissant de ses souvenirs tout en espérant pouvoir un jour s'arrimer quelque part. Le mot « rive », en particulier, revient à plusieurs reprises dans le texte. Non seulement constitue-t-il l'un des fils conducteurs de l'œuvre, mais il traverse le cycle de part en part jusqu'à sa conclusion annoncée dans *La rive est loin*. Le mot signifie d'abord l'autre côté de la vie pour celle qui a été réincarnée : « Je ne serais pas retournée dans ce monde après en avoir connu le revers, sachant qu'il ressemble à une rive mais n'en est pas une[94]. » C'est le sens le plus courant du terme dans le cycle des réincarnations. Selon la vision bouddhique de l'existence, la réincarnation est en effet une illusion : l'être réincarné peut être sous l'impression passagère d'avoir échappé à la mort, jusqu'à ce qu'il se rende compte qu'il est de nouveau en vie, donc sujet encore à mourir puis à se réincarner. Seule la véritable « renaissance » permet d'accoster la rive « autre » où il n'y a plus ni naissance, ni décès. Or c'est bien ce rivage libérateur que cherche à atteindre la narratrice d'*Immobile* dès sa première incarnation : « Plusieurs siècles plus tard, dans les bras de mon mari archéologue, je me souviendrais encore de cette ultime étreinte qui m'empêcherait de franchir le temps, d'en finir avec l'agonie, de renaître définitivement[95]. » Malgré son désir inextinguible d'accéder à l'autre rive, cette renaissance définitive, elle se bute sans cesse aux mêmes obstacles qui l'éloignent de son but. Elle parvient parfois à s'en détourner par des exercices de méditation, lors desquels « [o]n ne désire plus la rive, dont la perspective est trop souvent trompeuse[96] », mais celle-ci revient la hanter aussitôt l'exercice terminé, le retour à la réalité

94 *Ibid.*, p. 15.
95 *Ibid.*, p. 105.
96 *Ibid.*, p. 91.

ou au train de vie quotidien en ramenant le souvenir douloureux. Elle ne peut alors que constater à quel point la rive dont elle rêve est encore loin : « Divisée en morceaux, saturée de références, contradictoire et impossible à secourir, éloignée à jamais de la rive tant désirée[97]. »

Le désir d'atteindre cet autre rivage, qui ressemble de plus en plus à un mirage, est réaffirmé plusieurs fois par la narratrice, jusqu'à ce qu'une voyante consultée à la fin du roman lui apprenne qu'elle porte la rive en elle : « Les ailleurs n'existent pas. La mer est sans borne, la rive ne se trouve nulle part sinon en soi[98]. » Sur le coup, elle en tire un mouvement d'orgueil, signe qu'elle n'a pas encore renoncé, selon la leçon bouddhiste, aux passions qui retardent la véritable libération du cycle infernal des réincarnations : « Je suis immortelle, intouchable, nulle souffrance ne peut me noyer, puisque la rive est en moi[99]. » En réalité, la rive se révélera beaucoup plus lointaine que prévue, puisqu'elle reviendra tel un motif inlassable tout au long du cycle qui en retarde l'accès. Nous sommes bien loin ici du mythe de Charon qui aidait l'âme défunte à traverser le fleuve de l'oubli, la narratrice n'ayant pour guide que sa propre errance spatio-temporelle. Ce premier jalon dans l'exploration des « vicissitudes désencadrées du temps et de l'espace » de la narratrice prend fin plutôt sur une image ambiguë, qui n'est pas sans rappeler le poème de Saint-Denys Garneau souvent cité par Chen et mis en exergue à ce chapitre : « Alors je reste là, immobile et sans défense. Comme un rocher[100]. » Un rocher immuable dans la rivière mouvante du temps : Parménide et Héraclite réconciliés dans la même image.

Aux deux fils conducteurs que sont les motifs de la rive et de l'espèce, il faut en ajouter un troisième qui constitue un autre leitmotiv de l'œuvre (aussi bien du premier roman du cycle que du cycle dans son ensemble) : le motif, mieux, le mobile du flottement. En effet, la narratrice d'*Immobile* flotte sans cesse entre deux temporalités, préférant le passé dont elle se dit parfois « nostalgique[101] » au présent qui lui pèse, bien qu'elle soit condamnée à vivre au *présent transitoire*, qui est aussi le temps futur de la réincarnation redoutée : « Je ne pouvais plus

97 *Ibid.*, p. 118.
98 *Ibid.*, p. 148.
99 *Ibid.*
100 *Ibid.*, p. 155.
101 *Ibid.*, p. 13.

continuer dans le temps présent. Il fallait que je m'en aille. Le ventre de ma future mère m'appelait[102]. » Comment ne pas songer de nouveau au Bardo tibétain, qui désigne en particulier l'état intermédiaire « du devenir » entre la mort et la réincarnation dans une nouvelle matrice ? D'ailleurs tous les stades de l'existence, dans le *Livre des morts tibétain*, ne sont que transitoires : la vie comme la mort, l'heure de la disparition comme celle de la réincarnation, et même le passage entre les deux, bien que la véritable renaissance doive s'effectuer dans ce passage. Nous sommes ici dans le monde de l'impermanence généralisée, qui est le lot de la vie sur terre. Or de cette « matrice » naîtront à leur tour tous les autres romans du cycle. Il faut donc lire ce mot polysémique à plusieurs niveaux chez Chen : à un premier niveau, il signifie le sexe de la mère qui donne naissance à l'enfant ; à un deuxième, il représente le lieu de passage par où s'effectue la réincarnation du sujet ; au troisième palier, il désigne le moule même de l'œuvre en chantier, le creuset dans lequel tous les autres romans seront à leur tour conçus. Bien avant le film du même nom, le bouddhisme avait compris qu'on ne sort pas facilement de la Matrice, en supposant qu'on y échappe jamais... Pour Stéphanie Cox et Jung-Hwa Rosa Hong, cette dernière se confond avec la patrie de l'écriture : « À la lumière de toute l'œuvre de Chen [...], nous pouvons affirmer qu'*Immobile* inaugure l'espace du texte comme patrie de cette improbable revenante qui fait son deuil de l'origine à travers ses incessants retours d'un récit à l'autre[103]. »

Le flottement entre deux états opposés, si caractérisque de la narratrice du cycle des réincarnations, est ce qui relie en dernière analyse l'œuvre de Ying Chen à l'héritage bouddhiste de la Chine. Le verbe « flotter[104] », ressassé tout au long du roman à divers temps de la conjugaison – « flottais[105] », « flotte[106] », « flottait[107] », « flottant[108] » –, résume bien le mouvement paradoxal de cette nomade immobile (qui est aussi une sédentaire labile). Le « monde flottant » dans lequel baigne la narratrice

102 *Ibid.*, p. 140.

103 Stéphanie Cox et Jung-Hwa Rosa Hong, « Les enfants de Pitsémine : le texte comme patrie chez Ook Chung et chez Ying Chen », *Québec Studies*, Special Issue, Fall 2012, p. 46.

104 Ying Chen, *Immobile*, *op. cit.*, p. 21, 87 et 146.

105 *Ibid.*, p. 25.

106 *Ibid.*, p. 96, 128 et 150.

107 *Ibid.*, p. 109.

108 *Ibid.*, p. 118.

d'*Immobile* éclaire ainsi un autre motif chinois dans l'œuvre de Ying Chen. Par cette expression, la littérature classique de Chine (mais aussi du Japon) entend, au sens large, la vie sur terre, aussi appelée « le monde de l'impermanence » ; et au sens strict, le monde encore plus éphémère des plaisirs (représenté par le quartier des courtisanes) dans lequel se mire, telle une mise en abyme, la vie terrestre. Il n'est pas étonnant dès lors que le « Carnet de voyage en Chine » de l'auteur commence par une longue référence au *Rêve dans le pavillon rouge*, ce classique de la littérature chinoise consacré précisément à l'univers de l'impermanence et du désir fugitif. En flottant sans cesse entre deux mondes, celui ancien de la cour et de l'opéra, où elle était une courtisane convoitée qui s'adonnait sans vergogne aux plaisirs de la chair, et celui moderne du mariage mondain mais sans amour avec l'archéologue qui n'arrive pas à la comprendre, la narratrice fait inlassablement l'expérience de l'impermanence de la vie sur terre. Pour cette voyageuse du temps et de l'espace, ou mieux d'un espace-temps indéfini et circulaire – étrange « chronotope[109] » dans lequel elle évolue sans cesse, mais qui relève plus de la théorie de la relativité d'Einstein que de la conception du temps et de l'espace propre au roman réaliste selon Bakhtine –, il ne peut y avoir de répit tant et aussi longtemps que la vie renaîtra de ses cendres. Comment venir à bout de ce phénix énigmatique, variation chinoise sur le thème grec du sphinx, devient dès lors le seul objet d'une quête sans relâche qui va se poursuivre d'un roman à l'autre, jusqu'à l'ultime étape du cycle des réincarnations.

109 Mikhaïl Bakhtine, *Esthétique et théorie du roman*, traduit par Daria Olivier, Paris, Gallimard, coll. « Tel », 1978, p. 237.

MIGRER DU CÔTÉ DU PÈRE

> Tout m'avale. Quand j'ai les yeux fermés, c'est par mon ventre que je suis avalée, c'est dans mon ventre que j'étouffe. Quand j'ai les yeux ouverts, c'est par ce que je vois que je suis avalée, c'est dans le ventre de ce que vois que je suffoque.
> Réjean DUCHARME

Parmi les références littéraires qui jonchent discrètement l'œuvre de Ying Chen, Marcel Proust fait figure de modèle idéal, pour ainsi dire inatteignable : référent absolu qui fait reculer l'horizon de la fiction au fur et à mesure qu'avance l'auteur dans le chemin de l'écriture. L'ombre de Proust ne cesse d'accompagner l'écrivaine chinoise pendant son séjour à Shanghai qui est à l'origine du film que Georges Dufaux lui a consacré, comme en témoigne son carnet de voyage qu'elle rédige à cette occasion où les références à l'auteur de *La Recherche* se multiplient. Parlant du rôle inconfortable qu'elle s'apprête à jouer dans ce film qui la met en vedette, elle écrit : « Proust à ma place ne se débrouillerait pas mieux puisqu'il lui fallait un grand hasard, une miette de madeleine ou un morceau de Vinteuil, pour reconstruire sa mémoire sur le sable du temps. De plus, Proust est mille fois plus heureux que moi, car il cherche à sentir le temps, alors que je crains de voir le sable[1]. » Dans le vieux Shanghai, retrouvant contre toute attente des saveurs authentiques de sa jeunesse qu'elle avait oubliées, elle éprouve « le vertige même qu'a causé la petite madeleine au narrateur de la *Recherche*[2]. » Par ailleurs, c'est sur une citation tirée d'*À l'ombre des jeunes filles en fleur* qu'elle choisit de

1 Ying Chen, « Carnet de voyage en Chine », *op. cit.*, p. 12.
2 *Ibid.*, p. 20.

mettre un point final à ce carnet, en ressentant pour la première fois un sentiment de bien-être dans sa patrie d'origine revisitée : « Impression proustienne qui, “comme elle permet de ne rien regretter”, “nous donne un certain calme pour passer la vie et pour nous résigner à la mort”[3]. »

Si elle jouissait d'une parfaite maîtrise de la langue française, de sa syntaxe complexe et de ses temps de verbe retors, Ying Chen aurait pu devenir la Proust chinoise, voire concurrencer en français le classique de la littérature chinoise que la critique se plaît à comparer à *La Recherche du temps perdu*, ce fameux *Rêve dans le pavillon rouge* qu'elle cite en ouverture de *Quatre Mille Marches* et qui revient la hanter dans *La Lenteur des montagnes*. Rappelons qu'elle avait caressé, étudiante, le rêve de devenir une écrivaine « classique » avant d'échouer au concours d'entrée de la prestigieuse Université Fudan de Shanghai en langue et littérature chinoises. Paradoxalement – et nous n'en sommes pas à un paradoxe près chez l'auteur d'*Immobile* –, c'est en échouant ses examens dans deux matières stratégiques, « le chinois et la géographie[4] », qu'elle doit d'être devenue écrivaine dans la langue dépaysée de l'Autre… Comme quoi les limites imposées par le territoire et la langue du terroir ne peuvent empêcher l'écrivain véritable de devenir ce qu'il est en puissance.

L'empreinte de Proust ne s'en fait pas moins sentir tout au long du cycle des réincarnations, à travers les avatars d'une mémoire capricieuse, « involontaire », et ce qui pourrait tout aussi bien être désigné comme « les intermittences du cœur » de la narratrice[5] : une narratrice qui, à l'instar du Narrateur proustien, garantit à elle seule l'unité du cycle où elle apparaît, disparaît, puis réapparaît, mais sans cette majuscule accordée par la critique à l'instance narrative de la *Recherche*. Il n'y a pas jusqu'aux deux côtés proustiens, celui de chez Swann et celui des Guermantes – le côté du père et le côté de la mère –, qui ne trouvent leur écho dans l'œuvre de Chen. Soudés dans *L'Ingratitude*, ces deux piliers de la famille traditionnelle vont se séparer après *Immobile*, qui gravitait uniquement autour du couple (marital ou adultère), et polariser à tour de rôle l'intrigue des romans à venir en fonction de l'une ou l'autre des

3 *Ibid.*, p. 33.
4 Ying Chen, « Hors des trains », *op. cit.*, p. 29.
5 Cette convergence entre l'œuvre de Proust et celle de Chen a également été relevée et brièvement commentée par Talbot. *Cf.* Émile J. Talbot, « Conscience et mémoire : Ying Chen et la problématique identitaire », *op. cit.*, p. 154.

figures, maternelle et paternelle, qui constituent le double foyer de la fiction de Chen (du moins dans ses « romans familiaux »). À ce sujet, Michel Biron a raison d'avancer que l'écrivaine chinoise réinvente en quelque sorte le roman familial : « Sous l'apparente simplicité des phrases, la prose de Ying Chen conduit ainsi à repenser, à réécrire le roman familial comme une entreprise infiniment complexe[6]. » Plus près, en effet, du roman familial freudien institué par Marthe Robert comme origine du roman que du récit de filiation contemporain théorisé par Dominique Viart[7] et Laurent Demanze[8], le roman des origines qui est au cœur du cycle des réincarnations substitue à la généalogie conventionnelle, patrilinéaire voire matrilinéaire, une lignée imaginaire mieux adaptée à la mission que semble s'être donnée l'auteur et qui consisterait ni plus ni moins à réinventer l'origine du sujet. Fantasme de parthénogenèse ou formule d'auto-engendrement, comme il a été avancé auparavant, mais qui n'évacue pas pour autant, comme dans tout bon roman familial des névrosés, la figure des parents idéalisés qui remplace celle des parents réels dont elle reconduit à un niveau supérieur les traits recomposés. Il faut revenir au texte de Freud pour voir ce qu'il en retourne de cette substitution :

> Il n'y a là infidélité et ingratitude qu'en apparence ; car lorsqu'on examine dans le détail le plus fréquent de ces fantasmes romanesques, la substitution aux deux parents, ou seulement au père, de personnes plus éminentes, on découvre que ces nouveaux parents, plus distingués, sont dotés de traits qui tous proviennent de souvenirs réels des parents véritables, ces petites gens, de sorte que l'enfant n'élimine pas à proprement son père mais au contraire l'élève[9].

Malgré l'apparente *ingratitude* (un terme qu'on ne peut que souligner dans le contexte de la production romanesque de l'auteur), cette forme précoce de sublimation ne trahit pas le souvenir des parents réels, bien

6 Michel Biron, « Le fils de personne », *Voix et Images*, vol. 27, n° 3 (81), printemps 2002, p. 570.

7 *Cf.* Dominique Viart, « Filiations littéraires », in *Écritures contemporaines 2 : États du roman contemporain*, Caen, Minard, coll. « Lettres modernes », 1999, p. 115-139.

8 *Cf.* Laurent Demanze, *Encres orphelines. Pierre Bergounioux, Gérard Macé, Pierre Michon*, Paris, José Corti, 2008.

9 Sigmund Freud, « Le roman familial des névrosés », traduit par J. Laplanche, in *Névrose, psychose et perversion*, Paris, Presses Universitaires de France, coll. « Bibliothèque de psychanalyse », 1973, p. 160.

au contraire. C'est d'ailleurs pourquoi, cohérente avec elle-même, Chen pouvait affirmer en toute lucidité dans son carnet de voyage en Chine : « Mes origines à proprement parler ne sont rien que le regard de mes parents[10]. »

Ce qui change toutefois dans le schéma freudien concernant le roman familial, c'est l'idéalisation à rebours dont fait l'objet chez elle les figures parentales : les parents idéalisés qui se substituent aux parents réels ne sont pas situés en aval, dans l'après-coup du fantasme, mais en amont de la conception de l'être. L'origine du sujet échappe à sa date de naissance pour remonter à des sources immémoriales, où l'être en devenir n'existait qu'en fiction, comme potentialité improbable mais tout de même imaginable – donc réalisable. Il ne s'agit pas tant de conserver, sous l'apparence idéalisée, les traits des parents réels transfigurés ou habilement déguisés, comme dans le classique roman familial des névrosés, que d'échapper à la névrose ambiante en réinventant les fondements mêmes du roman familial. Derrière cette façade se profile non pas la silhouette des parents véritables de l'écrivaine chinoise, à qui elle avoue être restée fidèle malgré l'exil volontaire, mais bien le spectre de l'héritage confucéen de son pays natal qu'elle cherche, à travers sa narratrice, à conjurer. Nous avons davantage affaire ici à la logique freudienne du « souvenir-écran[11] », qui en jouant de l'anachronisme – un souvenir récent en cache un autre plus ancien qu'il réactive, ou alors c'est un vieux souvenir enfoui qui revient pour masquer une impression actuelle qui en rappelle la mémoire – dissimule aux yeux du sujet l'objet réel de ce qu'il a refoulé, qu'à la chronologie usuelle du roman familial (du moins dans sa version névrotique). Il s'agit ni plus ni moins d'une compulsion à la répétition qui contraint le sujet à revivre consciemment ce qui l'a constitué, à son insu, comme sujet de l'inconscient[12]. En fait, la narratrice transmigrante du cycle des réincarnations *mime* la psychose et ses

10 Ying Chen, « Carnet de voyage en Chine », *op. cit.*, p. 14.

11 *Cf.* Sigmund Freud, « Sur les souvenirs-écrans », traduit par D. Berger, P. Bruno, D. Guérineau, F. Oppenot, in *Névrose, psychose et perversion*, *op. cit.*, p. 113-132.

12 Rappelons à ce sujet la définition la plus classique de la compulsion de répétition : « processus incoercible et d'origine inconsciente, par lequel le sujet se place activement dans des situations pénibles, répétant ainsi des expériences anciennes sans se souvenir du prototype et avec au contraire l'impression très vive qu'il s'agit de quelque chose qui est pleinement motivé dans l'actuel. » J. Laplanche et J.-B. Pontalis, *Vocabulaire de la psychanalyse*, Paris, PUF, coll. « Quadrige », 2004 [1967], p. 86.

mécanismes de défense contre le monde extérieur pour mieux s'en garder en lui substituant la réalité plus rassurante de son monde intérieur. Il s'agit là d'une forme de catharsis intime, en quelque sorte, qui répond à l'exil intériorisé dont est porteur le sujet en souffrance chez Chen.

Sans tenir compte désormais de la chronologie des romans, laquelle de toute façon se joue des contraintes du temps en cultivant une logique de l'*anachronicité* à l'intérieur de chaque récit en vertu du pouvoir de réincarnation de la narratrice, il m'apparaît légitime ou du moins propice de regrouper les deuxième et quatrième titres de l'ensemble romanesque inauguré par *Immobile* autour de la figure paternelle. *Le Champ dans la mer* et *Le Mangeur* ont en effet en commun d'accorder une place de choix au père, figure quelque peu négligée ou mise en retrait dans *L'Ingratitude* par rapport à la mère omniprésente, mais qui s'y avérait tout aussi délétère que la figure maternelle, comme l'a fait remarquer Lori Saint-Martin au sujet de ce roman : « l'éloignement du père est aussi marquant, et aussi mortifère, que la trop grande présence maternelle[13]. » Certes, le deuxième roman du cycle met toujours en scène les deux pôles de la famille traditionnelle, mais à travers sa symbolique ambivalente – le champ de maïs, « cette mer ondulante[14] » qui se dresse à l'horizon et qui se berce au rythme de la mer avec laquelle il finit par se confondre – et son intrigue qui valorise la figure aimée du père disparu au détriment de la mère possessive, il prépare le terrain pour le roman subséquent qui sera consacré exclusivement au père vorace, assimilé à un ogre insatiable, en étroite communion avec sa fille tout à la fois dévorée et dévorante.

LE PÈRE DANS LA MER

Dans *Le Champ dans la mer*, l'alternance stricte des récits qui avait conféré à *Immobile* une structure fixe, pour ne pas dire figée (à l'image

13 Lori Saint-Martin, *Au-delà du nom. La question du père dans la littérature québécoise actuelle*, Montréal, Les Presses de l'Université de Montréal, coll. « Nouvelles études québécoises », 2010, p. 82.

14 Ying Chen, *Le Champ dans la mer*, Montréal, Boréal, 2002, p. 16.

de son titre), cède la place à une architecture – ou mieux une architexture – plus fluide qui fait se chevaucher les deux trames narratives du roman : l'histoire au présent de la narratrice avec son mari A… et l'histoire passée avec son voisin V… Les points de suspension, comme dans le roman précédent, désignent le rôle ou la fonction du personnage plutôt qu'une quelconque identité secrète qu'il s'agirait de déchiffrer. Rappelons que A… est « archéologue », tandis que V… se révèle être simplement un « voisin » de la narratrice dans l'une de ses vies antérieures, bien que l'initiale renvoie aussi à sa qualité de « villageois ». Nul besoin de chercher plus loin ce que le texte donne à lire de si près… Après cette dernière concession à l'usage classique, Chen renoncera aux points de suspension qui servaient à désigner les personnages secondaires de ses romans et A., le mari archéologue qui accompagnera fidèlement la narratrice jusqu'aux confins de son interminable récit, prendra graduellement l'ascendant sur les autres personnages épisodiques de son existence hasardeuse.

Le deuxième roman du cycle commence exactement là où (dans l'espace et dans le temps) s'achevait *Immobile* : la narratrice, délaissée par son conjoint à la fin du premier roman, attend sans bouger, dans l'auberge où elle a trouvé un refuge temporaire, le retour de celui-ci. Rappelons l'image sur laquelle prenait fin, en apparence, le roman inaugural du cycle des réincarnations :

> Le patron de l'auberge me dit que, demain, un camion viendra enlever les ordures du temps méconnaissable. Je descendrai de ma chambre. Assise devant l'auberge, sans bagage, dans la poussière soulevée par des passants pressés, j'attendrai ce camion qui, je l'espère, saura m'emporter. Tout sera alors fini. Tout recommencera[15].

La référence au camion établit un lien intratextuel avec *L'Ingratitude*, puisque c'est frappée par un poids lourd que Yan-Zi met fin à ses jours. En outre, cette mort programmée rejoue l'accident survenu au père dans ce roman, lequel avait été renversé par un camion, bien que dans son cas l'incident ne fut pas mortel. Difficile de déterminer s'il y a dans le choix du véhicule qui fauchera la vie de la narratrice un lien intertextuel

---

15 Ying Chen, *Immobile*, *op. cit.*, p. 156. – Incidemment, ces deux dernières phrases qui renvoient à la malédiction de la réincarnation font écho à la finale de *L'Innommable* : « je ne peux pas continuer, je vais continuer. » Samuel Beckett, *op. cit.*, p. 213.

plus subtil avec la mort « accidentelle » de Roland Barthes, happé par une camionnette en se rendant au Collège de France après avoir perdu sa mère dont il ne parvenait pas à faire le deuil (je rappelle que le père de Yan-Zi est un universitaire, ce qui le rapproche en « capital symbolique » de la figure de Barthes), ou même avec l'œuvre éponyme de Marguerite Duras, *Le Camion*, dont le style épuré, minimaliste, présente des affinités avec celui de Chen. Quoi qu'il en soit de ces coïncidences, le mobile du camion meurtrier revient dans *Le Champ dans la mer*, où il est associé de nouveau au motif du suicide : « Un camion surgit sur la route. [...] Ce camion me fait rêver. Je regarde avec langueur la direction où il disparaît. J'ai le sentiment de rater un événement important[16]. » Après avoir évoqué la possibilité d'être écrasée par lui, la narratrice imagine qu'il puisse lui servir de « véhicule » (au sens bouddhique du terme) pour effectuer la traversée du Bardo : « Ou bien, s'il ne m'écrasait pas, ce camion pourrait, par bonté naturelle envers les sans-foyer, m'emmener ailleurs, dans une destinée autre et par conséquent dans un temps différent[17]. » La narratrice est de nouveau plongée dans le temps circulaire de la réincarnation, la temporalité nietzschéenne de « l'éternel retour », ce que la toute fin d'*Immobile* annonçait sans l'ombre d'un doute : « Tout sera alors fini. Tout recommencera ». C'est donc tout naturellement qu'elle peut enchaîner au début du *Champ dans la mer* avec ce constat : « Hier, quand A... est parti sans moi, le patron de l'auberge a subitement délaissé son sourire qui faisait croire au bonheur de mourir dans un lit d'hôtel. J'ai dormi sur le perron de son auberge et je n'ai pas payé. Ce matin, ce sont les coups de pieds de l'aubergiste qui m'ont réveillée[18]. »

Une journée seulement s'est écoulée dans la vie de la narratrice entre la fin du premier roman où s'effectue sa rentrée en scène et le début du deuxième où elle poursuit son odyssée du temps et de l'espace. Dans l'intervalle qui sépare l'abandon des retrouvailles avec son mari, interstice spatio-temporel qui constitue l'essentiel de la chronologie des « événements » du *Champ dans la mer*, elle se remémore sa vie de villageoise entre une mère possessive et jalouse, qui rappelle par bien des traits la mère de Yan-Zi dans *L'Ingratitude*, un père adoré mais taciturne (très différent

16 Ying Chen, *Le Champ dans la mer*, *op. cit.*, p. 97.
17 *Ibid.*, p. 99.
18 *Ibid.*, p. 7.

du père en retrait mais autoritaire dans le même roman) et un modeste voisin, devenu son ami ou son amant, proche du personnage du serviteur dans *Immobile*. Ce nouveau jalon dans le cycle des réincarnations prend ainsi le relais du précédent, confirmant que nous avons bien affaire à un ensemble en voie d'élaboration et répondant à une logique interne, malgré les apparentes incohérences du récit dues à la mémoire labile de la narratrice. Bien que les deux trames narratives se chevauchent tout au long du roman, souvent à l'intérieur d'un même chapitre, une plus grande place est accordée ici au récit ancien par rapport au récit contemporain. Cette particularité s'explique d'elle-même, étant donné que dans le récit de sa vie actuelle la narratrice attend le retour de son mari qui, s'il est anticipé à plusieurs reprises[19], ne se produira qu'après qu'elle aura raconté dans le détail l'histoire de sa vie ancienne, donc à l'extérieur du cadre spatio-temporel du récit. En son absence, tous les passages du roman qui concernent le mari actuel de la narratrice sont le fruit de réminiscences, à l'image de ceux dévolus à son aventure éphémère avec le fils de son voisin dans le récit de sa vie antérieure, d'où la confusion des deux récits mis sur le même plan narratif. En revanche, comme le récit antérieur prend toute la place dans le roman, c'est lui qui, bien que révolu, constitue le présent de la narration. C'est donc dans ce « non-lieu » où elle se trouve présentement, que la narratrice du cycle des réincarnations peut entreprendre le récit désencadré de son aventure ancienne avec son amant et de sa vie passée avec son mari : « Si, aujourd'hui, je me trouve dans un non-lieu, c'est que j'ai fait un faux pas sur mon chemin, que j'ai emprunté quelque part une mauvaise direction[20]. » En se fourvoyant dans le cheminement de sa nouvelle réincarnation, en prenant un virage qui l'éloigne une fois de plus du rivage où elle désire se rendre, elle se retrouve dans une boucle atemporelle qui l'amène à mêler les souvenirs de sa vie ancienne avec ceux de sa vie actuelle. Ce brouillage des frontières spatio-temporelles deviendra par la suite une constante de l'œuvre.

Par rapport à *Immobile*, *Le Champ dans la mer* joue d'une autre opposition qui n'est pas nécessairement évidente à une première lecture du

19 « A… sera ici dans quelques heures. » *Ibid.*, p. 31. « Nous remonterons dans le train sans un mot. A… me serrera dans ses bras. » *Ibid.*, p. 45. « Quand A… viendra ici, ce sera trop tard pour repartir. » *Ibid.*, p. 112-113.

20 *Ibid.*, p. 49.

roman, mais qui nous en livre une précieuse clef d'interprétation, soit le contraste entre le mode de vie urbain vécu au présent par la narratrice avec son mari A… et le mode de vie campagnard qu'elle a connu par le passé avec son compagnon S… « Le télescopage des deux vies n'est pas que temporel : il conjoint ainsi deux lieux, le champ, associé au village ancien, et la mer, ouverte sur l'ailleurs[21]. » C'est dans son court essai consacré à ce roman que Chen s'est le mieux expliqué sur cette particularité de son œuvre qui était alors en gestation :

> Le vrai thème du *Champ dans la mer* est la disparition d'une civilisation dite « de maïs ». C'est bien sûr très métaphorique. L'important pour moi n'est pas de relater une civilisation précise, mais de décrire ce processus vers le néant qui me semble cosmique, et qui concerne toute civilisation. La narratrice, l'incroyable vieillarde, est là pour nous dire cette immense contradiction, cette vérité impossible : tout s'en va et pourtant rien ne se perd[22].

Bien que trahissant un souci écologique qui était dans l'air du temps au moment où elle écrivait ces lignes, c'est davantage sur le mode nostalgique d'un monde disparu à jamais (d'où le qualificatif d'« incroyable vieillarde » servant à caractériser la narratrice) que le motif de la ruralité entre dans l'œuvre de l'écrivaine. L'univers révolu de la vie campagnarde, symbolisé à travers l'image du champ qui se dresse en face de la mer, établit à son tour un lien souterrain entre le cycle auquel il appartient et l'origine chinoise de l'auteur. Car c'est bien dans le terreau natal que Ying Chen est allée puiser cette image enfouie de sa mémoire migrante qui, une fois exhumée, prend sous sa plume des accents universels :

> J'entends s'élever alors, du fond du champ ou de la mer, comme pour me guider, un chant vaguement patriotique, par conséquent assurément universel, que tous, les vacanciers comme les villageois, peuvent comprendre. Un chant étrangement familier, aussi fané que l'odeur du maïs et que, somnambules, nous reprenions tous les jours à l'école. Ce doit être un appel de V[23]…

Ce chant « vaguement patriotique », qui ne fait pas référence explicitement à la Chine dans le texte mais qui renvoie immédiatement à sa dimension universelle, est tout de même lié à l'idée de patrie, c'est-à-dire à une terre

21 Michel Biron, « Le fils de personne », *op. cit.*, p. 569.
22 Ying Chen, « À propos du *Champ dans la mer* », *op. cit.*, p. 117.
23 Ying Chen, *Le Champ dans la mer*, *op. cit.*, p. 35.

paternelle et sans doute aussi ancestrale, puisqu'il s'élève « du fond du champ ou de la mer » (impossible de préciser ici s'il relève davantage du père ou de la mère comme symbole) et qu'il est « aussi fané que l'odeur du maïs » (donc périmé). Or ce chant sonne « étrangement familier » aux oreilles de la narratrice transmigrante du *Champ dans la mer*, ce qui pointe, à travers l'*Unheimliche* freudien[24], vers une origine refoulée qui revient hanter le sujet qui l'éprouve sans qu'il puisse s'expliquer quant au lieu exact de sa provenance (au sens topologique de ce terme en psychanalyse, non au sens topographique). Par le truchement de sa narratrice transhumante, l'écrivaine chinoise qui rêvait d'être paysanne (*Quatre Mille Marches*), puis montagnarde (*La Lenteur des montagnes*), retrouve à travers ce chant la condition de vie millénaire de millions de Chinois dont elle partage l'humble origine. Le choix du maïs au lieu du riz pour désigner le champ dans le titre du roman – et le chant qui s'en dégage – permet également de superposer l'image de la Chine, où sont cultivées les deux céréales, à celle de l'Amérique, qui n'a pas connu la culture du riz. Deux civilisations anciennes – l'Amérique précolombienne et la Chine prérévolutionnaire – sont ainsi mises en rapport tels des vases communicants. Cette concaténation des référents américain et chinois, déjà sensible dans *Immobile* par les références à la côte ouest et la ville maritime qui se hélaient à distance, deviendra à son tour une autre constante de l'œuvre de Chen qui se plaît à superposer les deux continents en brouillant leurs frontières géoculturelles.

La technique du chevauchement des trames narratives dans *Le Champ dans la mer* répond à la logique de la mémoire involontaire déjà évoquée à propos de l'influence de Proust sur l'œuvre de Chen, où les souvenirs (du passé et au présent) se bousculent dans la tête de la narratrice au rythme même de son récit fluctuant qui cherche à les arrimer, ne serait-ce que fugacement. Le récit de sa vie antérieure, qui démarre à proprement parler au deuxième chapitre du roman, est ainsi activé par le choc qu'elle a subi au premier chapitre, lequel s'apparente au déclic de la mémoire involontaire : « Ma soudaine pensée pour V..., mon voisin d'autrefois,

24 Ce terme a été traduit en français par sentiment d'« inquiétante étrangeté » alors qu'il s'agit plutôt, en psychanalyse freudienne, d'une « inquiétante familiarité », inquiétante justement parce que ce qui est familier devrait en principe être rassurant. *Cf.* Sigmund Freud, « L'inquiétante étrangeté », in *L'Inquiétante Étrangeté et autres essais*, traduit par Bertrand Féron, Paris, Gallimard, coll. « folio essais », 1985, p. 209-263.

est sans doute provoquée par les coups que j'ai reçus à la tête[25]. » Suite à ce choc subit, les souvenirs affluent. Ils sont d'abord vagues : « La mer a fait place à un champ couvert de quelque chose dont la couleur dorée me semble familière. Une sorte de plante robuste, peut-être une céréale, y pousse abondamment[26]. » Puis ils se précisent : « Très vite le champ de maïs – car c'est de maïs qu'il s'agit – se trouve derrière moi. Je suis à l'entrée du village[27]. » Immédiatement après ce passage énigmatique est évoquée la fin du récit passé, qui sera rappelé ensuite par bribes à travers le laborieux travail d'anamnèse effectué par la narratrice :

> Notre famille est désormais éteinte. Ultime branche de je ne sais quel arbre. De magnifiques arbres poussaient pêle-mêle dans le domaine de V..., de jeunes tiges qui y croissaient toutes seules sans qu'on s'en occupe. Ma mère criait dans le vent, sans moi, sans descendance. Mes parents, les parents de mes parents et moi-même, nous aurons tous vécu en vain. Lignée à jamais interrompue. Courant disparu dans le vaste océan[28].

Alors que le père et la fille connaîtront le même sort – une mort en apparence accidentelle –, privant du coup la mère de sa postérité, la famille rivale de S... prospérera après la disparition de la narratrice qui aurait pu assurer une descendance à sa famille, si sa mère ne s'était opposée à leur fréquentation. Or bien que cette dernière soit très présente dans le récit, dominant son histoire à l'époque où elle vivait son aventure éphémère avec le fils du voisin, c'est la figure du père décédé prématurément, mort selon la version de sa femme à cause de la relation de leur fille avec V..., qui hante les réminiscences qu'elle en conserve au présent. En ce sens, ce roman s'apparente à un genre bien connu en Chine : les contes de revenants ou les histoires de fantômes. Mais tandis que dans ce genre codifié le fantôme est plus souvent une femme fatale ou aguichante, assimilée à la figure rusée du renard qui se plaît à séduire et perdre les hommes (figure qu'à sa façon Yan-Zi avait incarnée dans *L'Ingratitude*, du moins aux yeux inquisiteurs de sa mère), ici c'est le père (à la manière du spectre d'*Hamlet*) qui revient hanter le récit de sa fille.

Ce dernier, précisons-le, s'est tué en glissant du toit du voisin où il effectuait des travaux de réparation : « Mon père était sur le toit de

25 Ying Chen, *Le Champ dans la mer*, *op. cit.*, p. 11.
26 *Ibid.*, p. 11.
27 *Ibid.*, p. 12.
28 *Ibid.*

chez V…, et tout à coup on l'a trouvé par terre, les os cassés, le crâne fendu, les yeux ouverts et fixes[29]. » Sa mort accidentelle est imputée par la mère, qui cherche à culpabiliser sa fille, à la mauvaise influence du fils de ce voisin dont elle s'était amourachée : « Ma mère a dû me mettre au lit, en menaçant de me défendre à l'avenir de jouer avec V…, qui selon elle exerçait une mauvaise influence sur moi[30]. » Elle va même jusqu'à attribuer aux parents de V… la responsabilité directe de la mort de son mari, convaincue qu'il s'agit d'un acte prémédité de leur part. Elle tente ainsi de mettre fin à la relation qui s'est nouée entre sa fille et ce fils « ingrat » dont elle est devenue entre temps la rivale. En fait, l'ingratitude se situe ici tout entier du côté de la mère jalouse et possessive, dans un renversement radical des rôles mère-fille tels qu'ils se profilaient dans le roman éponyme. Après la mort de son mari, cette dernière a bien l'intention de conserver sa fille auprès d'elle, de ne pas la laisser s'échapper en compagnie de son amant dans « le champ dans la mer », symbole dès lors de liberté. Or, c'est en visitant une dernière fois le jardin de son voisin pour l'épier à sa fenêtre que la narratrice trouvera à son tour la mort, une tuile s'étant détachée « par hasard » du toit pour l'atteindre au front : « Et la tuile est tombée. Mon corps s'est appuyé d'abord sur le mur, puis il a glissé. Je ne voyais plus V[31]… » Cette mort accidentelle est perçue par la mère culpabilisatrice comme les suites funestes d'une relation contre-nature (en réalité, contre sa volonté à elle) qu'elle avait d'ailleurs prédites : « Ma mère a eu une vision étrange. Elle a vu une feuille d'arbre qui s'envolait sur mon chemin et qui finissait par s'écraser. Et elle m'a prévenue du danger[32]. » Réunie enfin avec son père dont elle partage la fin tragique, la narratrice en est réduite à son tour à l'état de spectre venu hanter en vain le lieu de ses amours défunts. Sous cette forme, elle est aussi immortelle que lui, face à sa « mère mortelle[33] ». Non seulement se souvient-elle des épisodes de sa vie antérieure, dont sa relation « coupable » avec le fils du voisin, mais elle se remémore en détail sa propre mort programmée en quelque sorte par le sort malheureux qu'elle partageait dès l'origine avec son géniteur.

29 *Ibid.*, p. 15.
30 *Ibid.*, p. 50.
31 *Ibid.*, p. 74.
32 *Ibid.*, p. 23.
33 *Ibid.*, p. 16.

C'est à lui seulement, et non à la mère procréatrice, qu'elle réserve le privilège d'être son créateur : « Il m'arrivait de demeurer longuement devant le miroir, non pour étudier mes traits et mes expressions comme le faisaient les cousines de ma mère, mais pour y chercher les traces de mon créateur. À force de songer au visage de mon père dans les ténèbres, j'avais oublié le mien. La mort avait rendu mon père sans défaut[34]. » Dans ce sens, *Le Champ dans la mer* anticipe le roman qui sera consacré exclusivement à la relation père-fille, après l'intermède que constitue le soliloque entre la narratrice sans nom et son double sororal, comme s'il avait servi à en esquisser la trame.

Obnubilée par la mère dans *L'Ingratitude*, c'est donc sous la forme d'un père absent, certes, mais persistant, que revient dans *Le Champ dans la mer* la figure paternelle, hantant le récit tel un spectre qui refuse de disparaître. Même mort, voire en raison de cette disparition intempestive, le père s'interpose entre la mère et la fille sous le mode du souvenir à la manière d'un adjuvant. Il sert de rempart à la narratrice pour lui permettre d'échapper à l'emprise de sa mère par le truchement du fils du voisin qui a causé bien malgré lui sa perte : la perte du père, s'entend, mais aussi de tous les points de repère de la jeune femme. Ainsi perçu, le père absent est l'allié de sa fille, alors que dans *L'Ingratitude* il s'était révélé un rival rallié à la cause de son épouse. Il devient clair à la lecture du roman, et de ceux qui vont suivre, que les figures parentales ne sont plus chez Chen de « vrais » parents, quand bien même transposés dans et transformés par la fiction, mais bien des figures d'emblée fictives jouant un rôle déterminé dans l'intrigue qui les (r)appelle à la vie. Il s'agit dans tous les cas de parents éloignés dont la narratrice se souvient vaguement à travers le récit de ses vies antérieures, jamais de géniteurs dans sa vie actuelle où elle prétend ne pas avoir de parents.

Si le « champ » dans le titre du roman renvoie à la figure paternelle à travers son symbolisme phallique – les épis de maïs dressés à l'horizon –, il faut toutefois préciser que ces derniers ondoient au vent et se confondent avec la mer utérine : « Le champ de maïs ressemble désormais à une mer calme et ensoleillée[35]. » Comme les deux versants de la montagne, ensoleillé et ombragé, qui ont donné naissance en Chine

34 *Ibid.*, p. 17.
35 *Ibid.*, p. 20.

aux concepts du *yin* et du *yang*[36], le champ et la mer se transforment à tour de rôle et échangent leurs attributs, l'épi de maïs servant de pivot pour le transvasement continuel de l'un dans l'autre : « Le champ de maïs, par exemple, se transforme à je ne sais quel moment en une mer ondulante[37]. » Il ne faudrait tout de même pas mésestimer la dimension phallique de ce symbole, qui est au moins une fois attribuée comme telle à l'épi de maïs par la narratrice qui, en compagnie de son ami, découvre les jeux de l'amour et du hasard (autant dire du désir) à son contact : « Nous nous sommes regardés fixement, pour la première fois, sans timidité, mais avec une soudaine gravité, une expression de fatigue. [...] Puis nous nous sommes remis à marcher. Les tiges de maïs énormes et sensuelles nous dérangeaient[38]. » Quant à la « mer » du titre, si elle fait signe à la figure maternelle à travers le jeu de mots maintes fois exploité en littérature, soit l'homophonie « mer/mère », elle laisse ici un goût *amer* dans la bouche de la narratrice : « C'est à cause de leurs attachements à ce monde, semble-t-il, que des bouddhas ont été retenus des siècles durant dans la mer amère, loin du nirvana[39]. » Le cliché usé, qui remonte aux temps bibliques en Occident[40], est néanmoins revitalisé pour ne pas dire revivifié au contact de la référence bouddhique, établissant du coup un autre lien entre l'œuvre de Chen et l'héritage de sa mère patrie : tant et aussi longtemps que sa narratrice demeurera dans les rets de la « mer amère », à savoir prisonnière de la mère « araignée[41] » (incarnée par la

36 À l'origine, le yin et le yang sont des caractères d'écriture stylisés qui représentent les deux versants d'une montagne : l'adret et l'ubac. C'est par extension qu'ils sont venus à signifier d'autres couples opposés mais nécessairement complémentaires dans la pensée chinoise : actif/passif, masculin/féminin, céleste/terrestre, etc. En Occident, ils finiront par se figer dans le couple archétypique *animus/anima* cher à Jung et à ses disciples.

37 Ying Chen, *Le Champ dans la mer*, *op. cit.*, p. 53.

38 *Ibid.*, p. 65.

39 Ying Chen, *La Lenteur des montagnes*, *op. cit.*, p. 52.

40 C'est le sens du mot « Mara » (en hébreu : *mar*) dans le récit de l'*Exode* (15, 23) : « Mais quand ils arrivèrent à Mara ils ne purent boire l'eau de Mara, car elle était amère, c'est pourquoi on l'a appelé Mara. » *La Bible de Jérusalem*, Paris/Montréal, Cerf/Fides, 1981 [1973], p. 100.

41 Dans le texte de Chen, cette image caractérise la mère de Yan-Zi. – Comme imago maternelle, l'analogie est reprise, dans le sens psychanalytique du terme où elle signifie une mère à la fois surprotectrice et dévoreuse de sa progéniture, par Véronique Porret dans son analyse lacanienne de *L'Ingratitude*. *Cf.* Véronique Porret, « La féminité est-elle subversive ? D'une psychanalyse française à une psychanalyse chinoise », *La maternité et la féminité*, premier séminaire du Centre psychanalytique de Chengdu, avril 2007, p. 1-6 : http://www.lacanchine.com

génitrice de Yan-Zi dans *L'Ingratitude* et celle de son avatar dans *Le Champ dans la mer*), elle ne pourra espérer atteindre l'état libérateur du Nirvana.

Sans en être l'incarnation, le père constitue en quelque sorte la préfiguration de cet état recherché qui ne cesse d'échapper à la narratrice enfermée dans le cycle des réincarnations. Aspirant architecte, une profession qui, si elle avait été embrassée, l'aurait rapproché du mari archéologue de la narratrice dans sa vie actuelle, il doit se contenter plus humblement de réparer le toit des maisons de ses voisins pour gagner sa vie. Ce savoir-faire lui procure tout de même une forme de sagesse qui le rapproche singulièrement de sa fille : « Mon père, en apprenant à construire des maisons, avait appris l'écroulement inévitable de toute chose[42]. » À l'instar du père de son avatar, la narratrice est une adepte de cette « philosophie de vie » qui l'amène à chacune de ses réincarnations au seuil de l'écroulement. Dans son ancienne vie, sa mère avait constaté elle aussi ce lien de parenté très fort dont elle s'était révélée jalouse : « Ma mère trouvait que, malheureusement, je ressemblais beaucoup à mon père et non pas à elle[43]. » Ce trait distingue nettement la figure du père dans *Le Champ dans la mer* de celle de son homologue dans *L'Ingratitude*, en le rapprochant davantage de la figure de la mère dans ce roman anticipateur du cycle. À l'intérieur de ce nouvel opus, le père et la fille sont en effet étroitement liés par le même destin. Tous deux trouvent la mort suite à un banal accident, lui en tombant du toit de la maison du voisin qu'il s'affairait à réparer, elle en recevant sur la tête une tuile détachée de ce même toit : « Une tuile est tombée sur mon crâne, juste devant la fenêtre de V… Elle s'est détachée du toit où mon père travaillait quand il est mort[44]. » Si la mort du père semble provoquer accidentellement celle de la fille, le toit mal rafistolé de la maison des voisins étant la cause indirecte de celle-ci, il serait plus juste, eu égard à la logique du récit de réincarnation, d'avancer que la mort du père a littéralement *engendré* celle de sa fille. Car c'est en tentant de réparer le toit d'une maison qui abrite le fils des voisins avec qui la fille entretient aux yeux de sa mère une relation coupable (au point où elle attribue aux parents de celui-ci la responsabilité du « meurtre[45] » de

42 Ying Chen, *Le Champ dans la mer*, *op. cit.*, p. 77.
43 *Ibid.*
44 *Ibid.*, p. 12.
45 *Ibid.*, p. 87.

son mari), que cette dernière finit par trouver la mort. Dans la chaîne des réincarnations, en effet, chaque maillon est la cause, volontaire ou non, du prochain chaînon qui en est la conséquence inévitable jusqu'à la libération finale, à savoir la dissolution du lien de causalité qui enchaîne le sujet dans ce bas monde.

Pour souligner le rapport héréditaire entre le père et la fille dans le récit, celle-ci reçoit de sa mère, après la mort de ce dernier, un coffre où se trouvent enfermées ses dépouilles :

> Ma mère n'aimait pas me voir jouer avec V…, le fils des très probables assassins. À plusieurs reprises, elle m'avait montré la chemise ensanglantée de mon père, avant de la remettre dans un coffre en bois qu'elle plaçait sous mon lit. J'ai compris que c'était là mon héritage. Le coffre, qui contenait le sang de mon père et les cendres de mon enfance, était désormais le seul objet solide contre lequel je pouvais appuyer mon corps las, lorsque les jeux prenaient fin[46].

À la fois reliquaire contenant le précieux sang du Père et urne funéraire renfermant ses propres cendres par anticipation, ce coffre, que la mère cède à sa fille telle une malédiction en le plaçant perversement sous son lit, sera paradoxalement sa planche de salut. Elle conservera pieusement cet héritage qui fait fonction de talisman jusqu'au jour où elle trouvera la mort, voire au-delà, car c'est à ce même coffre qu'elle s'accrochera à la fin de son récit avant de quitter le rivage du village où elle s'était réincarnée. Se remémorant les jeux innocents avec V… sur la plage, auquel elle associe maintenant A… dans l'espoir qu'il saura se confondre, comme il l'avait fait avec S… dans *Immobile*, avec ce qu'elle croit avoir été « [s]on premier et [s]on dernier amour[47] » qui a avorté dans *Le Champ dans la mer*, elle évoque à nouveau l'image du coffre qui contient ce qui reste du père :

> Ces jeux sur la plage, aussi faux et lucides qu'ils soient, auront la vertu de me faire oublier momentanément mon patrimoine. Ce coffre chargé des cendres paternelles que ma mère m'a confié, les vagues devraient le ramener jusqu'à moi.
>
> Le jour où je le retrouverai, je monterai seule sur ce coffre qui, même disloqué par les flots, saura m'emporter vers le large, loin de A…, loin de ce lieu étrange où l'on a envie de frapper, où je ne cesse de revenir[48].

---

46 *Ibid.*, p. 16-17.
47 *Ibid.*, p. 68.
48 *Ibid.*, p. 114.

Transformé en rafiot de fortune ou radeau de la Méduse, le coffre paternel devient, pour celle qui n'a plus de patrie[49], son seul patrimoine : tout à la fois rappel de ses origines lointaines et « véhicule » de ses incarnations futures. La matrice du cycle inaugurée dans *Immobile* cède la place à cette barque funéraire qui part à la dérive, mais qui doit aussi aider la narratrice à rejoindre « l'autre rive », celle où aura lieu sa véritable renaissance qui lui a échappé, une fois encore, sur le rivage trompeur du champ dressé face à la mer.

DANS LE VENTRE DU PÈRE

Publié après *Querelle d'un squelette avec son double* qui fait dialoguer la narratrice avec sa « sœur » d'outre-tombe, *Le Mangeur* renoue avec les figures tutélaires de la fiction de Chen. À première vue, on pourrait même croire qu'il ressuscite l'univers de *L'Ingratitude*, en privilégiant cette fois le point de vue du père par rapport à celui de la mère qui dominait dans ce roman. Mais ce serait oublier que ce nouveau jalon de l'œuvre, comme tous les autres appartenant au même cycle, s'insère dans un ensemble singulier où les personnages ne valent pas tant par eux-mêmes qu'en tant que *persona* (ou masques) issus de l'imagination transmigrante de la narratrice, elle-même porte-voix d'une écrivaine foncièrement migrante. Si la mère et le père pouvaient encore représenter de « vrais » parents dans *L'Ingratitude*, et à travers cette représentation conventionnelle symboliser les valeurs immuables de la Chine traditionnelle remises en question dans les trois premiers romans de Chen, il en va tout autrement lorsque ces figures reviennent dans l'ensemble romanesque inauguré par *Immobile*. Elles n'existent plus qu'en fonction de la narratrice du cycle et ne prennent une certaine consistance dans son récit que par rapport à ce qu'elles étaient ou représentaient, pour elle, dans ses vies antérieures.

49 « Depuis que je me suis fait écraser comme un rat, que les os de mes parents se sont dissous sous les pieds des villageois, que V… laboure le champ à la place de ses parents ou qu'il s'applique à je ne sais quelle autre entreprise, vraisemblablement à la fabrication des briques, je n'ai plus de patrie. » *Ibid.*, p. 34.

À l'époque contemporaine, en effet, la narratrice nous est toujours présentée comme étant sans parents, ni enfants (donc sans origine, ni progéniture). Le roman familial (dans le sens psychanalytique de l'expression) n'intervient dans le récit qu'en tant que dispositif fantasmatique par le truchement du procédé de la réincarnation. Il n'en demeure pas moins tout aussi réel, dans l'imagination de la narratrice et celle de son lecteur ou de sa lectrice, que la famille traditionnelle pouvait l'être dans les romans précédents ; d'autant plus réel qu'il met en scène, ou mieux *en acte*, la constitution même du sujet qui est au fondement du cycle des réincarnations, alors que dans les trois premiers romans la famille n'était représentée qu'en tant que porte-parole de la morale confucéenne (cette dernière fût-elle remise en question par certains membres de la famille). On comprend dès lors que Ying Chen s'abreuve à des sources aussi lointaines que le *Yi King* et le *Tao King*, passées au crible du bouddhisme, pour ancrer paradoxalement sa nouvelle fiction dans un univers post-confucéen.

La structure du *Mangeur*, comme d'ailleurs la matière du roman, est plus difficile à démêler que celle des autres romans du cycle et semble vouloir épouser de près la double intrigue qui le compose. Récapitulons-en brièvement l'intrigue. Dans sa vie passée, qui se rapproche dans le temps de sa vie présente, la narratrice se souvient de la relation exclusive qu'elle vivait avec son père, centrée autour de la nourriture : « Nous ne pouvions pas vivre l'un sans l'autre, nous devions nous tenir fort étroitement ensemble, compte tenu du fait que nous étions une espèce extrêmement menaçante et menacée[50]. » Se gavant d'abord de poissons crus (trait plus japonais que chinois, mais qui s'explique par l'origine du personnage), le père vorace, qui ne cesse de prendre du poids, finira par manger tout ce qui lui tombe sous la dent, contraignant sa fille à cuisiner sans relâche pour lui des mets plus consistants jusqu'au jour où, devine-t-elle, elle constituera son prochain et ultime repas : « Mon père m'avait très tôt avertie que nos semblables étaient les plus redoutables. La guerre se révèle toujours la plus atroce entre individus d'une même espèce. Nous sommes ce que nous mangeons, disait-il, nous mangeons ce que nous sommes[51]. » Le récit propose une variation sur le thème du repas

50 Ying Chen, *Le Mangeur*, Montréal, Boréal, 2006, p. 11.
51 *Ibid.*, p. 17.

totémique évoqué par Freud dans *Totem et tabou*[52], où le père primitif est tué et dévoré par ses fils jaloux et coupables de parricide, mais dans une version inversée du mythe originel : ici, c'est la fille qui est dévorée par son géniteur. Parallèlement, la narratrice poursuit son existence présente avec A. comme si de rien n'était, bien que ce dernier constate qu'elle est plus confuse que jamais dans le récit chronologique de ses nombreuses vies. Entre autres, elle confond la figure d'un peintre qui existe au temps présent et dont elle visite l'atelier en compagnie de son mari avec celle de ce père insatiable qui aurait également été peintre dans sa vie passée. Ce peintre, réel ou imaginaire, constitue la figure-pivot des deux récits en permettant à la narratrice, par son truchement, de passer d'une époque à l'autre de ses deux existences mises en scène simultanément dans le roman. Il joue ainsi à la fois le rôle de tiers exclu, aux yeux de A. qui perçoit en lui un rival, et de tiers inclus aux yeux de la narratrice qui l'assimile à son père défunt.

Si Chen reprend le procédé déjà expérimenté dans *Immobile* d'alterner l'histoire contemporaine et l'histoire ancienne, il faut souligner que c'est le récit passé (donc celui de l'anamnèse) qui inaugure d'emblée *Le Mangeur.* Ce changement subit de perspective confère non seulement une importance accrue au récit de la vie antérieure de la narratrice, qui prend ainsi le pas sur le récit de sa vie actuelle, il brouille davantage les repères chronologiques entre le passé raconté et le présent de la narration. Ce qui constitue en principe la « réalité », à savoir le récit contemporain qui coïncide avec le temps présent de la narration, recule devant le « réel », (in)formé par le récit mémoriel. Par la suite, l'alternance stricte des récits est abandonnée au profit d'un enchevêtrement continu, où les deux trames narratives s'entremêlent intimement. Difficile de démêler à la lecture, sans une attention soutenue, ce qui appartient à l'une ou l'autre de ces temporalités, tant elles sont intriquées dans la mémoire de la narratrice dédoublée et dans son récit à l'image de ce dédoublement. Qui plus est, le récit antérieur est censé s'être déroulé à une époque plus proche de la période contemporaine, la narratrice avouant qu'elle arrive difficilement maintenant à se remémorer les époques plus lointaines de son existence : « Je ne parviens maintenant qu'à évoquer mes existences

52 *Cf.* Sigmund Freud, *Totem et tabou*, traduit par Serge Jankélévitch, Paris, Payot, coll. « Petite Bibliothèque Payot », 1999 [1965].

récentes. A. pense qu'une mémoire détériorée m'est plus salutaire. Savoir oublier est un don que je n'ai pas, mais que je dois apprendre[53]. » Si elle n'arrive pas encore à oublier (cette mémoire persistante fait aussi partie de la malédiction qui pèse sur son existence), en revanche ses souvenirs sont de plus en plus lacunaires, imprécis, confus. Plus elle se rapproche de sa vie actuelle avec A., plus elle confond les avatars de ses existences passées. Comme une amnésique chronique atteinte de démence précoce, sa mémoire courte est plus embrouillée que ne l'est sa mémoire longue. Seul son mari actuel demeure un point de repère fixe dans sa vie désordonnée, bien qu'elle tente ou plutôt se voit contrainte de s'en éloigner.

Dans sa tentative de mettre de l'ordre dans sa mémoire encombrée et de ce fait embrouillée, la narratrice amalgame les souvenirs de ses avatars. Elle se souvient d'abord de son ancienne vie de cantatrice dans *Immobile* : « Je me rappelai alors une vie solitaire dans un palais en danger, sans famille, fantomatique comme maintenant, dont je me contentais[54]. » Puis elle se rappelle son aventure passagère avec le fils de son voisin dans *Le Champ dans la mer*, « après avoir passé une nuit sur le perron de l'auberge sous le vent de la mer, chassée du jardin de V. ou mal enterrée dans un village qui aurait pu être [s]a patrie[55] », avant d'évoquer le souvenir de cette « sœur » qu'elle aurait pu sauver mais qu'elle a perdue dans *Querelle d'un squelette avec son double*. Ses trois incarnations successives sont condensées en une courte phrase qui l'amène à constater que plus rien ne la lie désormais à son mari, sinon l'habitude : « Après l'affaire de S., après mon indigne séjour sur la plage où j'ai cru voir V., après avoir fait rater une soirée chez nous à cause d'une mystérieuse voix vite perdue, A. ne me touche plus[56]. »

Quoique *Le Mangeur* ne succède pas immédiatement au *Champ dans la mer* dans l'ordre chronologique de parution des romans formant le cycle des réincarnations, son intrigue centrée exclusivement sur la figure du père fait le pont entre ces deux rives pas trop éloignées dans l'œuvre de Chen. Car si, dans le premier roman, la silhouette du père se dégageait de la mer (et de celle de la mère derrière laquelle il tendait à s'éclipser), dans l'autre c'est dans son ventre que va finir par s'engouffrer la narratrice

53 Ying Chen, *Le Mangeur*, *op. cit.*, p. 21.
54 *Ibid.*, p. 19.
55 *Ibid.*, p. 19-20.
56 *Ibid.*, p. 36.

du cycle. *Le Mangeur* reprend ainsi au cœur de son intrigue un motif déjà exploité dans *L'Ingratitude*, mais qui était resté secondaire dans ce roman, soit la sensation d'avalement qu'éprouvait Yan-Zi par rapport à sa mère : « J'avais parfois l'impression qu'elle avait envie de m'avaler vivante, de me reformer dans son corps et de me faire renaître avec une physionomie, une personnalité et une intelligence à son goût[57]. » Puis, c'était un de ses amants qui exprimait le vœu de l'engloutir : « Je t'aime tant que j'ai envie de t'avaler tout rond[58]. » Enfin, vers le fin du roman qui anticipait le cycle des réincarnations, cet état (ou plutôt ce constat) avait été généralisé à la condition existentielle de la narratrice : « Lorsque le vent s'élève, je perds conscience et j'ai l'impression d'être avalée[59]. » Dans *Immobile*, le désir d'avalement est transféré au mari, qui anticipe ainsi la figure du père dévorateur : « M'enfermer dans son ventre a toujours été sa grande ambition[60]. » Ce motif, emprunté à *L'Avalée des avalés* de Réjean Ducharme[61], est étroitement associé dans *Le Mangeur* à la figure du père, mais cette fois au sens non métaphorique du terme : la narratrice y est littéralement avalée par son père insatiable dans ce nouveau chapitre de ses vies antérieures avec qui elle partage d'ailleurs la même passion dévorante en régressant au stade oral de sa naissance. Toujours mariée à A. au temps présent de la narration, son mari impuissant à la sauver cède le pas à un rival encore plus redoutable que les amants passés – figures de fils manqué alors qu'il est lui-même un père manquant –, à savoir le père « idéal », adulé par sa fille, et de ce fait plus « réel » qu'un quelconque père biologique (ou amant, voire mari de passage).

On est plus près ici du mythe grec de Cronos (ou Kronos), tel que figuré par Goya dans sa toile célèbre *Saturne dévorant un de ses fils*, que de l'univers de Ducharme. Ce rapprochement a d'ailleurs été opéré par Marie-Christine Lambert-Perreault[62]. On se souvient que le père des futurs dieux de l'Olympe dévorait ses enfants au fur et à mesure qu'ils

57 Ying Chen, *L'Ingratitude*, Montréal/Arles, Leméac / Actes Sud, 1995, p. 21.

58 *Ibid.*, p. 96.

59 *Ibid.*, p. 124.

60 Ying Chen, *Immobile*, *op. cit.*, p. 97.

61 « Je deviens l'avalée des avalés, comme dit Réjean Ducharme. » Ying Chen, « Carnet de voyage en Chine », *op. cit.*, p. 32.

62 *Cf.* Marie-Christine Lambert-Perreault, « Rhétorique culinaire dans *Le Mangeur* de Ying Chen », in *Traits chinois / lignes francophones*, Rosalind Silvester et Guillaume Thouroude

naissaient afin d'échapper (en vain) à l'oracle lui ayant prédit qu'il serait détrôné par l'un d'eux. Ying Chen ne semble retenir du mythe originel que le motif de l'avalement par le Père et sans doute aussi quelque autre résonance qui lui est associée, dont au premier chef l'origine du nom du roi des Titans qui l'apparente avec le temps (« chronos »). Par ailleurs, la relation fusionnelle qui lie la narratrice à son père putatif rappelle celle, privilégiée, que Zeus, le fils qui s'est substitué au père cruel dans ce scénario fantasmatique digne de *Totem et tabou*, entretenait avec sa fille vierge, Athéna, née toute armée de sa tête par parthénogenèse. Les rapports singuliers que noue à son tour la narratrice du *Mangeur* avec son père vorace semblent tout droit sortis de la rencontre de ces deux récits mythiques, le Temps figurant le père qui dévore son enfant née de sa propre volonté. La question du temps va d'ailleurs connaître dans ce roman un traitement particulier qui le distingue des autres romans du cycle, comme nous allons bientôt le constater.

L'incipit du *Mangeur*, qui figure parmi les plus déroutants du cycle des réincarnations, donne le ton à ce nouvel épisode dans la vie transmigrante de la narratrice : « Jusqu'à la fin, celle de mon père et la mienne, avant ce singulier après-midi où tout, les règlements, la sagesse, le sens commun et surtout la peur, s'était défait, et par conséquent était entré en un ordre nouveau non moins naturel, mon père et moi nous avions mené une vie à peu près normale[63]. » Si, comme l'avance Claude Duchet dans un article souvent cité[64], certains romans sont enclos pour ainsi dire dans leur incipit dont ils ne font que dérouler le potentiel de sens qui y est encapsulé au fil dévidé de leur intrigue, *Le Mangeur* est sans doute de tous les rejetons de Chen celui qui illustre le mieux ce cas de figure. Pour la première fois dans le cycle des réincarnations, il y a un avant et un après clairement défini dans l'existence passée de la narratrice : « ce singulier après-midi » où tout a basculé. La suite du roman – fait rarissime chez l'auteur – va même jusqu'à chronométrer le moment où ce bouleversement a eu lieu, entre l'heure à laquelle la narratrice attend en compagnie de son père l'arrivée d'un ami à qui elle a donné rendez-vous et celle de la rencontre qui doit la libérer en

(dir.), Montréal, Les Presses de l'Université de Montréal, coll. « Sociétés et cultures de l'Asie », 2012, p. 183.

63 Ying Chen, *Le Mangeur*, Montréal, Boréal, 2006, p. 7.

64 *Cf.* Claude Duchet, « Pour une socio-critique. Variations sur un incipit », *Littérature*, n° 1, février 1971, p. 5-14.

principe de l'emprise de ce dernier : « Ce fut notre premier rendez-vous. [...] Mon ami devait arriver à 14 h 30. Il était 12 h 45[65]. » Chen reprend une situation qu'elle avait déjà abordée dans *Le Champ dans la mer*, soit la relation triangulaire père-fille-amant, mais en lui réservant ici un traitement original : l'amant n'est plus qu'un « ami » (terme qui laisse tout de même entendre qu'il pourrait devenir un amant) tandis que la mère sera tôt évacuée de l'histoire.

Toute l'action du récit antérieur se situe donc entre ces deux bornes temporelles, en progressant très lentement au rythme de cette attente interminable à laquelle elle se résume : « 13 heures et quelques minutes[66] », « 13 h 30[67] », « 13 h 50[68] », « 14 h[69] », « 14 h 20[70] »... Le décompte de l'heure, puis des minutes, auquel se réduit la temporalité du récit passé illustre bien cette dilatation du temps qui, d'après Gérard Genette, permet au romancier de ralentir la vitesse du récit par rapport à la chronologie de l'histoire narrée pour mieux mettre en valeur l'importance des événements qui y sont racontés[71] ; si ce n'est que dans le roman de Chen, il ne se passe à peu près rien entre le temps de l'attente et celui où elle prendra fin. Parvenue au seuil du rendez-vous manqué – car l'ami n'aura pas eu le temps de se présenter à la porte de celle qui doit le recevoir – la narratrice va une dernière fois inscrire le temps fatal de l'attente : « Il était presque 14 h 30. Je savais que la fin approchait[72]. » Mais de quelle fin s'agit-il ou plutôt s'agissait-il, puisque rien ne sera apparemment advenu : celle d'une attente qui ne pouvait être que déçue ou celle prévue et prévisible de sa propre existence qui arrive à échéance ? La réponse à cette question nous est suggérée au cœur même du roman : « Il devait se passer quelque chose cet après-midi-là, je devais sauter d'un temps à l'autre vers 14 h 30 par l'intermédiaire de mon père[73]. » Le rendez-vous avec l'ami aurait libéré, ne serait-ce que fugitivement, la fille de l'emprise de son père ; et pourtant, c'est par « l'intermédiaire » de ce dernier que cette libération devait avoir lieu...

65 Ying Chen, *Le Mangeur*, *op. cit.*, p. 27.
66 *Ibid.*, p. 31.
67 *Ibid.*, p. 41.
68 *Ibid.*, p. 43.
69 *Ibid.*, p. 65.
70 *Ibid.*, p. 81.
71 *Cf.* Gérard Genette, *Nouveau discours du récit*, Paris, Seuil, coll. « Poétique », 1983, p. 22-25.
72 Ying Chen, *Le Mangeur*, *op. cit.*, p. 99.
73 *Ibid.*, p. 51.

Comment expliquer ce paradoxe, si ce n'est en relevant ce saut « d'un temps à l'autre » qui constitue la véritable libération qui n'aura pas eu lieu : « Ainsi, le jour où je comptai sortir pour la première fois avec un ami, mon père et moi nous savions qu'un ordre depuis longtemps établi, et cela avant même que je sois née, serait renversé[74]. » Si l'ami s'était présenté *à temps* au rendez-vous, la narratrice aurait pu échapper un certain temps encore à la vigilance de son père et continuer à vivre sa vie dans son existence antérieure, comme cette famille épargnée par la Mort dans le film de Bergman où elle est temporairement déjouée par le chevalier[75]. Dévorée par son père vorace en l'absence de ce libérateur qui, tel Godot, ne se manifestera pas, elle n'a pas d'autre choix que de subir sa transformation et de faire le saut d'une existence à une autre : celle où elle se retrouve, comme toujours, en compagnie de A. dans le récit de sa présente vie.

Les trois conceptions classiques du temps, selon les Grecs, semblent se conjuguer dans ce roman de Chen et rejoindre celle, intemporelle, que s'en est fait la sagesse chinoise depuis le *Yi King* : *kairos*, le temps opportun, celui de l'attente (du rendez-vous et de la délivrance illusoire) ; *chronos*, le temps linéaire, celui du père (qui l'incarne dans son corps) ; *aiôn*, le temps destinal, celui de la fille qui le subit à travers le cycle des réincarnations tout en tentant en vain de s'en libérer. Trois scansions temporelles de l'éternité – l'instant ponctuel, le flux événementiel et la destinée existentielle – s'interpellent et se complètent dans le récit pour faire passer la narratrice du temps de l'incarnation à celui de la réincarnation, dans un monde gouverné paradoxalement par l'impermanence et l'atemporalité. C'est dans ce sens que l'incipit du *Mangeur* peut être considéré non seulement comme un condensé du roman dans son entier, mais aussi telle une mise en abyme du cycle dans lequel il s'insère.

Le lecteur déjà initié à l'univers particulier de Ying Chen ne tardera pas au fil de sa lecture à remettre en question la soi-disant normalité de la relation père-fille attestée dans l'incipit, bien qu'il acceptera (a-t-il d'ailleurs d'autre choix ?) que l'ordre nouveau dont il est question ici paraisse tout aussi « naturel » aux yeux de la narratrice que la vie passée « à peu près normale » vécue par les protagonistes de ce roman. Comme Athéna face à Zeus, la narratrice n'est au monde semble-t-il

74 *Ibid.*, p. 62.

75 *Cf.* Ingmar Bergman (réalisateur), *Le Septième Sceau*, Suède, 1957, 96 min.

que pour accomplir la volonté du Père : « Nous reliait un amour absolu qui rendait ternes toutes les autres amours à mes yeux indignes du nom, la relation la plus fiable, la plus durable, puisque cet amour était mon origine, j'étais son reflet[76]. » Si le motif de l'inceste semble poindre dans cet aveu curieusement formulé, il souligne davantage la relation symbiotique qui lie la fille à son père qu'un quelconque désir de nature incestueuse. Dans ce sens, il faudrait relativiser l'affirmation de Christine Lorre, qui nous livre par ailleurs la lecture la plus perspicace du *Mangeur*, quand elle avance au sujet de cette relation : « Cette hybridité généalogique, à laquelle sont partiellement attribuables les désordres psychologiques du père et les perturbations de la fille, mène à un cannibalisme (le père-poisson mange des poissons) condamné socialement et synonyme de circularité incestueuse[77]. » Marie-Christine Lambert-Perreault abonde dans le même sens, bien qu'elle ajoute un bémol à la clé : après avoir rappelé la « relation fusionnelle mortifère[78] » que la narratrice entretient avec son père dans *Le Mangeur*, elle qualifie cette relation d'« incestuelle[79] » en précisant le sens « platonique » que confère Paul-Claude Racamier à ce type d'inceste. Quoi qu'il en soit de cette nuance, il s'agirait d'une relation que l'on pourrait qualifier de *palimpsestueuse*[80], le père constituant à la lettre le palimpseste dans lequel finira par se résorber la fille créée à son image. Je me rapproche davantage sur ce point de la lecture que fait Gabrielle Parker de l'œuvre cyclique de Ying Chen, quand elle stipule que « le palimpseste porte l'empreinte d'une palingénésie[81] » à même le texte.

Or cette relation renvoie une fois de plus à la culture chinoise de l'auteur, plus précisément à son héritage confucéen qui revient dans *Le Mangeur* sans distanciation critique (contrairement à son traitement dans

76 Ying Chen, *Le Mangeur*, *op. cit.*, p. 7-8.

77 Christine Lorre, « Qui dit "je" dans *Le Mangeur* de Ying Chen ? Une lecture entre psychanalyse et pensée chinoise », *Nouvelles Études Francophones*, vol. 24, nº 1, printemps 2009, p. 22.

78 Marie-Christine Lambert-Perreault, « Rhétorique culinaire dans *Le Mangeur* de Ying Chen », *op. cit.*, p. 181.

79 *Ibid.*, p. 182.

80 J'emprunte le néologisme à Ginette Michaud et Éric Méchoulan, qui l'emploient indépendamment l'une de l'autre pour signifier la pratique du palimpseste chez Jacques Ferron. *Cf. Jacques Ferron : le palimpseste infini*, Patrick Poirier et Brigitte Faivre-Duboz (dir.), Montréal, Lanctôt Éditeur, 2002, p. 129 et 190.

81 Gabrielle Parker, « Ying Chen : "un écart indicible" », in *Traits chinois / lignes francophones*, *op. cit.*, p. 150.

La Mémoire de l'eau), le devoir des enfants envers les parents – et plus particulièrement le père – étant sacré aux yeux du philosophe qui l'a institué : « L'affection paternelle s'inscrivait dans le désir de vivre et de continuer, la fidélité filiale était une fidélité envers soi. Il était dans notre intérêt de nous aimer[82]. » Lorre a bien raison de souligner ce trait : « Le thème de la piété filiale, dans son sens culturel confucéen particulier à la Chine, apparaît comme une clé de lecture du *Mangeur*[83]. » Elle en conclut, à juste titre, que le roman peut être lu « comme un récit dont le sujet a du mal à se libérer de l'esprit du confucianisme[84]. » Toutefois, ce thème, qui a été étudié dans une perspective psychanalytique par Ming Dong Gu en tant qu'une variation chinoise du complexe d'Œdipe[85], déborde le cadre étroit du confucianisme. Il en va, pour la narratrice du *Mangeur*, de l'avenir de son espèce ; d'un amour phylogénétique (« le désir de vivre et de continuer »), certes, mais qui se révèle également ontogénétique (« la fidélité filiale envers soi »). La narratrice compare d'ailleurs cet amour qui peut sembler contre-nature – et il l'est certainement aux yeux de son mari – avec l'admiration sans borne que voue celui-ci à sa lignée généalogique : « Mon amour pour mon père ressemblait à la vénération de A. envers ses ancêtres, dont il note les noms dans son livret familial sans tout à fait connaître leur vie[86]. » Au moins connaît-elle intimement ce qui la lie, elle, à son père originel…

Ce constat revient tout au long du roman, chaque fois modulé sur un ton différent. Après s'être repentie d'avoir divulgué l'existence de ce père à son mari[87], qui reçoit cette confidence comme un motif supplémentaire de douter sérieusement de la santé mentale de sa femme, la narratrice

---

82 Ying Chen, *Le Mangeur*, *op. cit.*, p. 8.

83 Christine Lorre, « Qui dit "je" dans *Le Mangeur* de Ying Chen ? Une lecture entre psychanalyse et pensée chinoise », *op. cit.*, p. 28.

84 *Ibid.*, p. 29.

85 *Cf.* Ming Dong Gu, « The Filial Piety Complex : Variations on the Oedipus Theme in Chinese Literature and Culture », in *Freud and the Far East. Psychoanalytical Perspectives on the People and Culture of China, Japan, and Korea*, Salman Akhtar (dir.), Plymouth, Jason Aronson, 2009, p. 115-136.

86 Ying Chen, *Le Mangeur*, *op. cit.*, p. 44.

87 « Ce père, j'aurais pu l'ignorer, l'oublier simplement. J'aurais pu le laisser au fond de ma mémoire, méconnaissable, dans une contrée lointaine avec tous mes ancêtres, peut-être à côté d'une de mes mères. » *Ibid.*, p. 19. « J'aurais pu, encore une fois, ne pas *déclarer* ce père dont la nature paraît obscure, étrange, j'aurais pu complètement effacer ma vie en tant que fille d'un tel père, cette vie-là qui serait nuisible à ma vie présente. » *Ibid.*, p. 21. Je souligne.

insiste pour établir ce dernier comme seul responsable de son origine. Évoquant l'arrivée imminente de son ami dont elle semble maintenant regretter le rendez-vous accordé, elle avoue : « j'avais fini par rester dans cette maison fermée, seule face à mon père, toute proche de mon origine, où le temps semblait s'arrêter et la venue d'un étranger incertaine[88]. » Comme de fait, l'ami ne se présentera pas au rendez-vous, non par sa faute mais *faute de temps*, la fille ayant disparu dans le ventre du père avant même que celui-ci puisse sonner à sa porte : « J'étais cette perle, et l'endroit le plus profond de ce monde, le plus sûr et central, était sans nul doute le ventre de mon père. C'est ainsi qu'il m'avait avalée[89]. » Après avoir nourri son père jusqu'à satiété, en cuisinant sans cesse pour lui tout en se privant elle-même de nourriture, la narratrice n'a pas d'autre choix que de lui servir d'ultime repas. C'était, pour ainsi dire, inscrit dans l'ordre des choses (sinon dans ses gènes). Ce dénouement rappelle, sur le mode inversé, la scène finale du banquet funèbre du *Satyricon*, où l'hôte exige de ses héritiers qu'ils mangent de son cadavre, ou même la Cène, quand le Christ donne son corps et son sang en partage à ses disciples ; bref, la scène culmine dans une forme de communion. Si Athéna était sortie toute armée de la tête de son père, c'est dans le ventre du sien que la narratrice désarmée du cycle des réincarnations sera avalée « tout rond » dans *Le Mangeur*. Elle explique sa fin saugrenue, mais inévitable, en ces termes révélateurs :

> C'est parce que j'ai souhaité revenir dans un temps dont mon père voulait me chasser, revivre un destin contaminé que mon père croyait pouvoir m'épargner. Il désirait m'avaler et me contenir dans son propre corps, pour que je redevienne son enfant avant la naissance, avant même la conception, éternel et parfait. Il lui avait fallu me tuer pour m'aimer toujours[90].

Retournée à dix-neuf ans dans le sein de son « créateur[91] », comme elle le désigne à quelques reprises dans son récit ancien, alors qu'elle a été recueillie à dix-huit ans par son mari archéologue dans sa présente vie, la narratrice réincarnée connaît pour la première fois un état de bien-être fait d'ignorance et de dépendance absolue, comme celui d'un fœtus

88 *Ibid.*, p. 31.
89 *Ibid.*, p. 78.
90 *Ibid.*, p. 127.
91 *Ibid.*, p. 69 et 116.

dans « la chaleur d'un ventre[92] ». Sauf que le ventre dont il s'agit ici est celui d'un homme « ressemblant à une femme enceinte[93] ».

La question de l'espèce, déjà évoquée dans *Immobile* dans un sens métaphorique pour désigner le couple mal assorti que forment la femme et son mari, est invoquée dans *Le Mangeur* comme séparation nette entre soi et l'autre. À propos de sa mère qui avait quitté son mari dans le récit de sa vie antérieure, la narratrice, après avoir vu une photo de cette dernière, en conclut qu'elle avait eu raison de partir : « Je ne lui ressemblais pas. Elle n'était pas de la même espèce que mon père et moi, n'avait pas de place chez nous[94]. » Le soi dans ce roman est constitué par la relation fusionnelle père-fille et s'oppose à l'autre incarné ici par la mère. Il ne faudrait pas en conclure trop rapidement par contre que la mère est désormais évacuée du cycle des réincarnations, puisqu'elle reviendra sous une forme inversée dans *Un enfant à ma porte*. Il faudrait plutôt chercher à comprendre comment la figure maternelle devient l'Autre dans l'œuvre de Chen à partir du *Mangeur* : non plus le pôle de l'imaginaire, comme le proposait Jacques Lacan à propos du « stade du miroir[95] », mais le pôle symbolique qui permet à l'altérité de faire irruption dans l'ordre du réel. Cette fonction n'est plus assumée dans le récit par le père (contrairement à son avatar dans *Le Champ dans la mer*), puisque ce dernier cherche à assimiler sa fille et à la transformer en « chair de sa chair » (à l'instar de la mère dans *L'Ingratitude*), mais par une figure féminine qui relève d'une autre « espèce », elle-même issue d'une généalogie matrilinéaire. L'ancêtre commun du père et de la fille est en effet l'arrière-grand-mère paternelle qui s'est unie à un poisson qu'elle a élevée après la désertion de son mari, ce qui nous ramène aux origines de la théorie de l'évolution (du moins dans sa conception occidentale) et à la question de l'espèce (mais dans le sens bouddhique du terme) :

> Si, belle comme elle était, mon arrière-grand-mère avait su dans sa solitude se contenter de la compagnie de quelque prétendu cousin secrètement amoureux, elle ne se serait pas attachée à un poisson, ne serait pas descendue si bas dans l'échelle des espèces – A. place l'humanité très haut –, n'aurait pas provoqué une confusion de l'existence qui tourmenterait ses enfants des générations

92 *Ibid.*, p. 135.
93 *Ibid.*, p. 114.
94 *Ibid.*, p. 8.
95 *Cf.* Jacques Lacan, « Le stade du miroir comme formateur de la fonction du Je », in *Écrits*, Paris, Seuil, coll. « Le champ freudien », 1966, p. 93-100.

> durant, qui m'atteindrait même aujourd'hui, même dans un temps différent, telle une eau jaillissant d'une rivière oubliée[96].

Voilà assurément une phrase « proustienne » qui capte très bien dans sa tournure sinueuse l'essence de la malédiction du cycle des réincarnations auquel est soumise la narratrice. Une fois de plus, les références à l'Occident (la théorie de l'évolution) et à l'Orient (le bouddhisme) se mélangent au sein du même creuset fictionnel.

À compter du *Mangeur* et jusqu'à la fin du cycle des réincarnations, comme nous aurons encore l'occasion de le vérifier, chaque roman du cycle reprend par bribes des souvenirs des existences passées de la narratrice, repasse le fil chronologique de ses différentes réincarnations, établissant entre elles une filiation imaginaire qui échappe à la temporalité du temps présent : « En un moment, la stérilité des grands espaces a étouffé en moi tout sentiment de filiation, le besoin d'appartenance, le souvenir d'un quelconque parent[97]. » Le malheur de la narratrice, dans *Le Mangeur*, c'est de n'avoir pas pu oublier ce père vorace dont le souvenir tenace vient non seulement la hanter, mais perturber sa relation déjà passablement compliquée avec son mari. Par deux fois, en un court laps de temps, elle se reproche de l'avoir ressuscité, ce qui constitue à ses yeux une forme d'infidélité à l'égard de A. qui cherche à la sauver malgré elle : « Ce père, j'aurais pu l'ignorer, l'oublier simplement. J'aurais pu le laisser au fond de ma mémoire, méconnaissable, dans une contrée lointaine avec tous mes ancêtres, peut-être à côté d'une de mes mères[98]. » Si, la première fois, elle se contente de se reprocher son indiscrétion, la deuxième fois elle assimile son geste à un acte potentiellement criminel : « J'aurais pu, encore une fois, *ne pas déclarer* ce père dont la nature paraît obscure, étrange, j'aurais pu complétement effacer ma vie en tant que fille d'un tel père, cette vie-là qui serait nuisible à ma vie présente[99]. » Fût-elle parvenue à garder cette relation secrète, comme il se doit au sein de tout « couple pervers[100] », elle aurait pu « préserver un bonheur futur, par exemple la joie de vivre aujourd'hui, en paix avec A[101]. » Or tous

96 Ying Chen, *Le Mangeur*, *op. cit.*, p. 129.
97 *Ibid.*, p. 19.
98 *Ibid.*
99 *Ibid.*, p. 21. Je souligne.
100 Sur le « contrat du secret » qui lie les partenaires dans le couple pervers, voir Jean Clavreul, « Le couple pervers », in *Le désir et la perversion*, *op. cit.*, p. 91-126.
101 Ying Chen, *Le Mangeur*, *op. cit.*, p. 21.

ces passages sont rédigés au mode conditionnel, indiquant par là que la narratrice n'avait pas vraiment le choix de taire ou de révéler l'existence de ce père contre-nature, ou alors qu'elle est foncièrement incapable de se soustraire à la loi du souvenir qui gouverne ses existences passées et qui met en péril sa vie actuelle avec son mari.

Ce dernier est convaincu que sa femme a inventé ce supposé père, comme elle aurait imaginé par ailleurs tous ses autres ancêtres. Pour lui donner une certaine consistance dans sa mémoire fautive, elle l'a confondu avec le peintre dont elle a vu les tableaux en sa compagnie. C'est du moins la seule explication rationnelle que A. peut alléguer pour excuser les lubies de sa femme : ce peintre existe bel et bien, mais il n'a rien à voir avec le fantôme ou plutôt le fantasme de cet invraisemblable père-poisson. Mais pour la narratrice, qui jusqu'à maintenant contrôle tous les paramètres de son récit malgré une mémoire défaillante, ce père-ogre-poisson est bien réel, plus réel même que ses ancêtres lointains, et plus près d'elle que le mari avec qui elle partage sa vie au quotidien. Un seul actant du récit aurait pu la libérer de ce spectre qui refuse de disparaître, l'ami dont elle attend impatiemment le rendez-vous dans le récit de sa vie antérieure, mais qui n'aura pas l'occasion d'intervenir dans le déroulement des événements pour en renverser le cours inéluctable qui la mène vers sa perte. Ce compte à rebours qui ponctue le récit de la narratrice et qui constitue à la lettre le seul « événement » de son histoire passée est destiné à échouer lui aussi en se résorbant en un non-événement. À la fin, c'est le père vorace qui aura le dernier mot du récit, en dévorant sa fille comme le temps consomme ses victimes.

En termes psychanalytiques, il s'agit d'un cas d' « incorporation », qu'il faut soigneusement distinguer de son corollaire, l'« introjection », comme l'a bien fait remarquer Christine Lorre dans son essai consacré au *Mangeur*, à la suite des travaux d'Abraham et Torok, eux-mêmes inspirés par ceux de Freud et de Ferenczi. En effet, dans leur essai intitulé « Deuil *ou* mélancolie. Introjecter – incorporer », Nicolas Abraham et Maria Torok distinguent nettement entre les deux concepts que Freud avait tendance parfois à assimiler dans son propre essai intitulé « Deuil et mélancolie » : « L'incorporation correspond à un fantasme et l'introjection, à un processus[102] ». Ce qu'il importe de souligner cependant – et sur ce point les deux auteurs rejoignent

102 Nicolas Abraham et Maria Torok, *L'écorce et le noyau*, Paris, Flammarion, coll. « Champs », 1987, p. 259.

parfaitement la pensée freudienne sur le mélancolique qui n'arrive pas à faire son deuil de l'objet perdu – c'est en quoi l'incorporation, en assimilant l'objet aimé, le perd une seconde fois – et cette fois à tout jamais :

> Absorber ce qui vient à manquer sous forme de nourriture, imaginaire ou réelle, alors que le psychisme est endeuillé, c'est *refuser le deuil* et ses conséquences, c'est refuser d'introduire en soi la partie de soi-même déposée dans ce qui est perdu, c'est refuser de savoir le vrai sens de la perte, celui qui ferait qu'en le sachant on serait autre, bref, c'est refuser son introjection. Le fantasme d'incorporation trahit une lacune dans le psychisme, un manque à l'endroit précis où une introjection aurait dû avoir lieu[103].

En termes freudiens, l'introjection est le mécanisme (ou le processus) dans le travail normal du deuil par lequel le sujet se représente à lui-même l'objet perdu dont il finit par accepter la perte : l'image du disparu a été introduite pour ainsi dire dans le psychisme du sujet endeuillé, où elle continue de vivre sur le plan affectif et symbolique une fois le deuil accompli. En revanche, l'incorporation est le mécanisme de défense (ou le fantasme, selon la terminologie d'Abraham et Torok) du mélancolique qui, en assimilant (c'est-à-dire en incorporant et en anéantissant une seconde fois) l'objet même qu'il a perdu, tient le travail de deuil en échec. Il ne s'agit plus seulement d'un deuil inachevé, voire inachevable, mais de l'impossibilité même d'accomplir le deuil[104]. Dans ce sens, le mélancolique est un éternel endeuillé, dont le deuil est à la lettre pathologique et pour ainsi dire « originaire », car il demeure constamment en souffrance de ne pas pouvoir faire son deuil de ce qui est venu une fois – et pour toujours – à lui manquer.

C'est à partir de ces considérations théoriques que Christine Lorre est en mesure de proposer une lecture pertinente en clé psychanalytique du roman de Chen consacré à la figure du père : « *Le Mangeur* se présente comme le récit d'une incorporation (c'est-à-dire un fantasme) mettant en œuvre ses propres variations de la symbolique nutritive[105]. » Après avoir rappelé quelques-unes de ces variations concernant le père de la

103 *Ibid.*, p. 261.

104 Le psychologue et essayiste Nicolas Lévesque a souligné le paradoxe du deuil impossible, mais dont le travail demeure nécessaire, dans sa thèse de doctorat. *Cf.* Nicolas Lévesque, *Le deuil impossible nécessaire*, Québec, Nota bene, 2005.

105 Christine Lorre, « Qui dit "je" dans *Le Mangeur* de Ying Chen ? Une lecture entre psychanalyse et pensée chinoise », *op. cit.*, p. 22.

narratrice, présenté comme un mélancolique narcissique incapable de faire le deuil anticipé de sa fille, donc contraint à l'incorporer (littéralement dans le récit), elle envisage l'autre versant de l'équation, soit la nature mélancolique de la narratrice qui doit consentir à ce sacrifice afin d'échapper à l'emprise du père pour renaître dans une autre vie : « Le passage du statut de fille à celui de femme, le moment où elle s'apprête à partager avec un homme les premiers émois amoureux, est donc ressenti comme un événement brutal qui ne peut se faire qu'en passant par la mort symbolique de la fille[106]. » Marie-Christine Lambert-Perreault abonde dans le même sens, tout en étendant la mélancolie dont souffre la narratrice dans le récit à l'expérience de « l'exil affectif[107] » qu'aurait connue l'écrivaine « migrante »…

En réalité, cette mort symbolique est de l'ordre de l'imaginaire, qui a toutefois plus affaire ici avec le réel (en termes lacaniens) qu'avec le symbolique, puisque la nourriture, liée à la pulsion orale, remplace la fonction du langage dans le mode de communication du père et de sa fille : « Dans la relation père-fille, la nourriture vient remplacer le langage, comblant ainsi de façon illusoire le vide de la bouche[108]. » Il n'est donc pas étonnant qu'après ce roman « cannibale et mélancolique[109] », où elle a été ingurgitée, dégurgitée puis régurgitée dans une autre existence, la narratrice de Chen accordera moins d'importance à la nourriture, du moins en ce qui concerne sa propre subsistance (pour son enfant adoptif, ce sera bien différent), passant de la boulimie passagère à une forme d'anorexie qu'elle avait éprouvée dans le roman précédent et qui convient mieux à sa nature fantomatique.

---

106 *Ibid.*

107 Marie-Christine Lambert-Perreault, « Rhétorique culinaire dans *Le Mangeur* de Ying Chen », *op. cit.*, p. 181.

108 Christine Lorre, « Qui dit "je" dans *Le Mangeur* de Ying Chen ? Une lecture entre psychanalyse et pensée chinoise », *op. cit.*, p. 23.

109 En référence au roman de Catherine Mavrikakis, *Deuils cannibales et mélancoliques*, Montréal, Héliotrope, 2009 [2000].

MIGRER DU CÔTÉ DE LA MÈRE

> Les morts me visitent
> Le monde est en ordre
> Les morts dessous
> Les vivants dessus.
>
> Les morts m'ennuient
> Les vivants me tuent.
> Anne HÉBERT

Ying Chen n'a pas attendu de composer le cycle des réincarnations pour migrer du côté de la mère. Déjà son premier roman, *La Mémoire de l'eau*, était consacré à trois générations de femmes qui forment la lignée matrilinéaire de la narratrice, tandis que *L'Ingratitude* tournait autour de la difficile relation mère-fille. Dans ce roman en particulier, qui anticipe le cycle inauguré par *Immobile*, la figure maternelle est présentée comme étant la plus proche parente, mais aussi la plus intransigeante rivale, de la fille qu'elle voudrait façonner à son image et contrôler dans ses moindres déplacements. Transmigrer peut être lu dans cette optique comme la seule manière d'échapper à l'emprise de la mère – et à travers elle – de la famille qui exerce sur ses rejetons une autorité indue. Comme l'a fait remarquer Lori Saint-Martin, les circonstances du suicide de Yan-Zi rapportées à la fin du roman, qui rappellent incidemment l'accident survenu au père qui avait été renversé par un camion, apparentent ce dernier à un matricide, la fille cherchant par son geste désespéré qui mime l'antécédent paternel à punir sa mère qui l'a poursuivie jusque dans la mort : « C'est de sa maternité et de la docilité de sa fille que la mère tirait sa raison d'être ; sans fille, elle ne sera plus personne. Autrement dit, ce suicide est avant tout un matricide détourné[1] ».

1 Lori Saint-Martin, *Le Nom de la Mère. Mères, filles et écriture dans la littérature québécoise au féminin*, Montréal, Nota bene, coll. « Essais critiques », 1999, p. 299.

Il faut toutefois souligner qu'à la toute fin du roman la narratrice percevait (ou poussait à son insu) un dernier cri de détresse affective : « Maman[2] ! » Cette réconciliation tardive, bien qu'elle arrive trop tard dans le récit, réhabilite en quelque sorte la figure hostile de la mère aux yeux de la fille « ingrate », qui assume dès lors son suicide au point même de vouloir retourner dans le ventre honni de son origine. Autrement dit, le suicide de Yan-Zi peut se lire tout autant comme un parricide déguisé, puisqu'il s'est accompli à l'image de l'accident du père qu'il fait rejaillir sur elle, dans une dernière tentative, quoique vouée à l'échec, de se rapprocher de la mère à la fois aimée et détestée. Dans le sillage du féminisme qui a amené nombre d'écrivaines à investir les rapports mère-fille, à revaloriser l'héritage matrilinéaire et à recourir à des métaphores liquides pour signifier la maternité ou la féminité à travers les sécrétions inhérentes au corps féminin – courant dont Hélène Cixous est sans doute la pionnière en France et Nicole Brossard le meilleur exemple au Québec –, Ying Chen pratique une « écriture au féminin » qui s'est diversifiée avec la composition du cycle des réincarnations. Si la figure traditionnelle de la mère, calquée sur celle de Yan-Zi dans *L'Ingratitude*, revient brièvement dans *Le Champ dans la mer*, en revanche de nouveaux avatars maternels font leur entrée dans l'œuvre cyclique à compter du roman suivant.

À la lettre, la figure maternelle n'est pas présente dans le roman le plus statique de Ying Chen, *Querelle d'un squelette avec son double*, qui met en scène la même narratrice réduite à un squelette à peine ambulant aux prises avec son double ; toutefois cette « *sœur* », en vertu de son ancienneté qui l'établit comme l'ancêtre de la narratrice, fait figure de mère symbolique en ce qu'elle sait d'avance ce que son incarnation à venir va vivre. Toutes deux ne sont que des maillons faibles et parfaitement identiques dans la lourde chaîne des réincarnations, bien que le droit d'aînesse du « double » lui confère un avantage sur son « squelette » à peine réincarné. Par le truchement de cet artifice, Ying Chen aura tout le loisir dans ce roman d'explorer à fond le fantasme de parthénogenèse qui habitait sa narratrice depuis ses « origines » : que l'on fasse remonter ces dernières à *L'Ingratitude* (en ce qui concerne la production romanesque de l'auteur) ou jusqu'à des temps immémoriaux (en ce qui a trait à la logique de la temporalité qui préside à la composition du cycle des réincarnations).

---

2 Ying Chen, *L'Ingratitude*, *op. cit.*, p. 133.

Ce fantasme est éloquemment formulé dans un court essai de Chen intitulé « Entre la fin et la renaissance », soit l'état bouddhique par excellence – « le *Bardo* du devenir » –, inclus dans le recueil *Quatre Mille Marches*. Dans ce texte, où elle critique les appellations qui lui ont été assignées (écrivain « francophone » ou « néo-québécois ») et récuse toute identité civile (« shanghaïenne, chinoise, québécoise, canadienne ou autre »), elle confiait : « je suis ma propre origine qui se forme, se disperse et se reforme au fur et à mesure que je voyage[3] ». Notons que le terme « migrant » ne figure pas ici parmi les appellations rejetées par l'auteur, alors que celui d'« universel », qui pouvait paraître à l'origine comme l'épithète appropriée pour désigner le statut de l'écrivain auquel Chen aspirait (ne serait-ce qu'en raison de l'admiration qu'elle voue à la littérature française et son vœu de jeunesse de devenir une écrivaine « classique »), sera plus tard répudié. C'est du moins ce que laisse entendre la préface de l'auteur à son unique recueil de poèmes publié à ce jour :

> Depuis un certain temps déjà, je suis à la recherche d'une forme d'expression, littéraire ou non, mais sans doute non-romanesque, qui puisse m'aider à trouver calme et aplomb dans le tourbillon des mots et des événements de ma vie. Mes derniers romans, avec l'absence de références temporelles et spatiales bien déterminées, reflètent cette tentative de distanciation. Ce serait inexact de confondre cela à [*sic*] ce qu'on pourrait aisément qualifier de l'universalisation. En fait, je n'ai jamais très bien compris ce mot qui me paraît étrangement fade : l'universel est néant sans le particulier, et le particulier, quel qu'il en soit [*sic*], fait naturellement partie de l'universel[4].

Quoi qu'il en soit de ce désaveu tardif concernant le désir d'universalisation de l'œuvre ou de l'écriture, le terme « migrant » sera de nouveau employé par l'auteur dans son dernier essai, *La Lenteur des montagnes*, défini cette fois de manière positive et surtout originale (comme je l'ai signalé dès l'introduction de cette étude en référence à « l'écrivain du tunnel »). Dans la mesure même où Chen se reconnaît dans la figure de l'écrivain « en exil » dans la langue de l'Autre – sujet qui voyage et, ce faisant, redéfinit sans cesse son identité en étant à lui-même sa « propre origine » – permet de faire coïncider chez elle écriture migrante, voire « transmigrante », et formule d'auto-engendrement. Or c'est dans *Querelle d'un squelette avec son double* que cette heureuse coïncidence, qui opère dans le même lieu

3 Ying Chen, « Entre la fin et la renaissance », in *Quatre Mille Marches*, *op. cit.*, p. 48.
4 Ying Chen, *Impressions d'été*, Saint-Nazaire, Meet, coll. « Les bilingues », 2008, p. 11.

physique mais en faisant coexister deux temporalités distinctes l'une de l'autre, est la plus visible (ou plutôt lisible).

Suite à cette « querelle » de la narratrice avec son double – et après l'interlude constitué par la relation trouble qu'elle entretenait avec son père dans *Le Mangeur* –, *Un enfant à ma porte* introduit un nouveau cas de figure qui n'avait pas été abordé dans les romans antérieurs de Chen mais qui avait été annoncé dès *Querelle d'un squelette avec son double* (d'où la pertinence d'associer ces deux romans du cycle), soit le passage chez la narratrice de l'état nubile, quoique mariée, à celui de mère. Tout se passe désormais au présent de la narration, mais dans un présent encore hanté par les réminiscences d'un passé lointain et hypothéqué par un avenir incertain. On aurait pu s'attendre, en effet, à ce que suite aux déconvenues de la fille face à la mère dans *L'Ingratitude* et *Le Champ dans la mer*, et à la réconciliation (mais à quel prix) de la fille avec le père dans *Le Mangeur*, cette dernière soit maintenant prête à assumer le rôle maternel et à « réparer », au sens kleinien du mot[5], la relation brisée mère-enfant qu'elle avait vécue dans ses vies antérieures. Contre toute attente, c'est le contraire qui va se produire, la fille devenue mère passant pour une « marâtre » aux yeux de son mari et de son entourage lorsqu'elle se révélera impuissante à remplir adéquatement les fonctions qui sont attendues d'elle. Au final, migrer du côté de la mère ne sera pas plus réparateur pour la narratrice que ses pérégrinations hasardeuses du côté du père, en la renvoyant ultimement à son état premier (voire congénital) d'orpheline privée de progéniture. Si, comme le stipule Martine-Emmanuelle Lapointe, les romans de Ying Chen appartiennent comme genre aux « récits de filiation[6] », force est de constater que la filiation qu'ils mettent en jeu, en amont comme en aval de l'origine du sujet, était d'emblée vouée à l'échec. D'où l'originalité du genre chez Chen, d'après Biron : « Au fond, le récit de filiation consiste moins à

5 La « réparation » ou « restauration » est le mécanisme par lequel « le sujet cherche à réparer les effets sur son objet d'amour de ses fantasmes destructeurs. » J. Laplanche et J.-B. Pontalis, *Vocabulaire de la psychanalyse*, *op. cit.*, p. 409. – Introduit en psychanalyse par Mélanie Klein, ce concept repose sur la distinction entre le « bon objet », incarné par la mère nourricière, et le « mauvais objet », représenté par la mère phallique. *Cf.* Mélanie Klein, *Essais de psychanalyse*, traduit par Marguerite Derrida, Paris, Payot, 1984, p. 247, n. 2.

6 Martine-Emmanuelle Lapointe, « "Le mort n'est jamais mort". Emprise des origines et conceptions de la mémoire dans l'œuvre de Ying Chen », *Voix et Images*, vol. 29, n° 2 (86), hiver 2004, p. 133.

résumer les événements d'une vie qu'à faire le bilan des disparus et des morts qui nous hantent[7]. » C'est bien ce qui caractérise la narratrice du cycle des réincarnations : la seule forme de filiation que (re)connaît cette « migrante » est sa propre réincarnation dans le cycle qui l'a vu naître, (s')étant privée elle-même du pouvoir de procréation. Après ce jalon important dans l'œuvre transmigrante de l'auteur, la narratrice n'aura d'autre choix que de revenir à la case de départ, *Immobile*, prise en étau entre son « éternel mari » et sa « renaissance » qui tarde toujours à s'accomplir.

AÏEULE DE SOI

L'intrigue de *Querelle d'un squelette avec son double* est des plus frustes. Une femme prépare une petite réception en l'honneur des invités de son mari, pour laquelle elle se rend à la pâtisserie du quartier où elle habite afin d'acheter un magnifique gâteau, mais elle se révèle incapable le moment venu d'y prendre part : c'est, réduite à sa plus simple expression, l'intrigue du roman de Virginia Woolf, *Mrs Dalloway*, dans lequel l'héroïne excellait au moins à organiser fêtes mondaines et réceptions… Comme la fête doit avoir lieu le soir même, la trame événementielle du roman est comprimée en une journée et respecte dans les grandes lignes la règle des trois unités au théâtre classique : unité de temps (un jour), unité de lieu (la maison, sauf pour une brève excursion à la pâtisserie d'en face) et unité d'action (l'attente avant la soirée). C'est d'ailleurs un trait récurrent dans le cycle des réincarnations, comme nous avons pu le constater à propos du *Mangeur* : la narratrice est toujours en attente d'un événement qui ne se produira pas, ou alors qui surviendra trop tard, la laissant *décalée* par rapport au temps qui l'habite et l'espace qu'elle habite. En effet, rien ne se passe dans l'intervalle de temps qui sépare la visite de la narratrice à la pâtisserie pour l'achat du gâteau et la fête où il doit être consommé, sinon la « querelle » fantôme du titre qui se tisse entre elle et son double qui se manifeste à son insu. Or même cet événement n'en est guère un, la voix du double étant à

7 Michel Biron, « Le fils de personne », *op. cit.*, p. 570.

peine écoutée par celle qui la perçoit vaguement, par intermittence, comme s'il s'agissait là d'une voix parasitaire dont elle ne s'explique ni la provenance, ni la pertinence.

Gabrielle Parker a raison de souligner qu'entre ces deux entités « s'instaure un faux dialogue caractérisé par la discordance entre les deux voix[8]. » En précisant qu'en chinois le caractère qui désigne « femme » (*nü*), une fois redoublé, en vient à signifier « se disputer » (*nuán*), elle peut avancer (en passant toutefois sous silence la misogynie que recouvre une telle désignation) que « [l]a langue originaire affleure donc dans le titre et le sujet d'un récit qui place côte à côte deux représentations féminines[9]. » Ziyan Yang avait déjà évoqué la présence « fantomatique » de la langue chinoise dans l'écriture française de Chen[10], mais il semble dans ce cas précis que c'est de nouveau le concept d'« entre-deux », emprunté à Sibony, qui soit le plus apte à rendre compte de cette forme de *revenance* qui concerne davantage l'origine du sujet que sa langue originaire :

> Une des épreuves où le féminin s'actualise comme *origine* est ce que j'appelle l'*entre-deux femmes*. C'est l'espace entre une femme et elle-même ; entre une femme et le féminin ressenti comme son origine ; donc comme Autre. L'entre-deux-femmes est le passage où une femme doit en passer par son origine de femme ; et c'est l'impasse quand elle s'y prend pour l'origine du féminin. L'entre-deux-femmes illustre donc au féminin tout ce qu'on a dit de l'origine. On y voit comment l'origine peut se piéger par elle-même, échouer à se détacher d'elle-même pour s'ouvrir d'autres voies et tenter d'autres voyages[11].

C'est exactement ce qui est mis en scène ici à travers la querelle fantôme qui surgit entre les deux instances féminines du roman. Un véritable dialogue de sourds concernant l'origine de la narratrice s'installe dans le récit entre la voix du « double », signalée dans le texte par des italiques qui lui confèrent une aura irréelle, et celle de son « squelette », reproduite en caractères romains qui semblent vouloir l'ancrer dans le réel. La narratrice dédoublée ne cherche même pas à reconnaître la véritable nature de cette voix venue d'outre-tombe ; tout au plus s'agit-il d'une voix inopportune qui l'importune de temps à autre en s'immisçant dans le cours de ses réflexions, comme une mouche qui bourdonne

8 Gabrielle Parker, « Ying Chen : "un écart indicible" », *op. cit.*, p. 149.
9 *Ibid.*
10 *Cf.* page 8.
11 Daniel Sibony, *op. cit.*, p. 142.

sporadiquement à nos oreilles : « Chaque fois que je vais à la pâtisserie, j'entends cette voix dont je suis la cible. Et maintenant elle monte dans ma maison, enveloppée de l'odeur de la farine cuite. Quelle audace et quelle indiscrétion ! Je le savais. Je la voyais venir. Elle ne me lâchera pas[12]. » N'empêche qu'une fois entendue, cette voix étrangère, qui ne la lâchera plus, lui paraîtra étrangement familière en revenant la hanter d'un lieu et d'une époque non précisés de son existence. Confrontée à cette intrusion venue de nulle part dans sa vie quotidienne, celle qui a l'habitude de la transmigration des corps et des âmes ne peut plus ignorer la provenance *réelle* de cette voix intérieure qui la tourmente : « l'apparition de cette voix m'a rendue très agitée. [...] Ainsi, depuis que j'ai entendu la voix et que j'ai cru apercevoir la forme que cette voix incarne, je ne suis plus tranquille[13]. » Notons au passage que l'intrusion de la voix dans la vie de la narratrice est signalée telle une apparition, ce qui suggère une hallucination de type auditif. Elle choisit tout de même de s'en défendre par le recours au déni : « La voix qui me hante depuis ce matin n'est pas de moi[14]. » S'il n'est pas clair de quelle voix dont il s'agit, au moins savons-nous qu'elle n'habite la narratrice que depuis son réveil (comme si elle avait d'abord été entendue en rêve pour se poursuivre à l'état éveillé), ce qui renforce l'unité de temps du récit. Le désaveu dont elle fait l'objet est réitéré dans un autre passage, où la narratrice tente d'exorciser en quelque sorte la présence de cette intruse dans sa vie : « pour que le sort de cette sinistrée m'intéresse, il faudrait qu'elle ait un rapport étroit avec moi, un lien singulier. Il faudrait qu'elle devienne moi tout court, et que je descende dans sa tombe[15]... » Malgré son effort de se détacher d'elle, un lien étroit – beaucoup plus étroit que tous ceux qui la liaient à ses parents et amants dans ses vies antérieures (hormis le père dans *Le Mangeur*, mais ce dernier n'est pas encore « né » au moment où paraît *Querelle d'un squelette avec son double*) – la relie à cette « sœur » dont elle refuse de reconnaître l'existence. Voilà bien un autre cas patent d'« inquiétante étrangeté » où c'est le familier, rendu méconnaissable, qui s'avère étrangement inquiétant à l'oreille du sujet qui en subit l'empire.

12 Ying Chen, *Querelle d'un squelette avec son double*, Montréal, Boréal, 2003, p. 12.
13 *Ibid.*, p. 134.
14 *Ibid.*, p. 127.
15 *Ibid.*, p. 146.

Si les romans de Chen sont « minimalistes » quant à leur facture, il faut reconnaître que nous avons affaire ici au plus minimaliste des opus de l'auteur, du moins en ce qui concerne son intrigue. Non seulement se réduit-elle à un prétexte anecdotique, elle met en scène deux *persona* à peine incarnées qui coexistent ou plutôt survivent au sein de la même personne dédoublée. On peut penser ici au fameux film de Bergman mettant aux prises deux femmes qui, en s'écoutant et se dévisageant à tour de rôle, se révèlent comme l'envers et l'endroit d'une même personnalité complexe[16]. C'est à travers cette esthétique minimaliste pleinement assumée, et un style « désincarné » qui caractérise aussi bien la parole de la narratrice que celle de son double, que réside tout l'intérêt de ce nouveau jalon dans le cycle des réincarnations. À vrai dire, cette double figure – le squelette et le spectre s'accordant parfaitement dans les histoires de fantômes chinois que raconte à sa manière très particulière Ying Chen – était déjà présente dans *Immobile*, mais elle n'y recevait pas encore le traitement soutenu qu'elle connaîtra dans ce roman singulier. Évoquant par exemple son désir de ne pas devenir mère, désir qui sera plus tard désavoué (mais en partie seulement) dans *Un enfant à ma porte*, la narratrice pouvait alors affirmer : « Derrière mon enfant, derrière le regard du père, seul resterait mon squelette, banni du livret généalogique, souvenir assombri et vite effacé. Non, je ne peux pas devenir mère. Je n'ai pas le droit de produire de l'avenir tant que je n'ai pas fini d'être un avenir, que je porte en moi un passé qui ne m'a pas encore délivrée[17]. » Le squelette qu'elle prétendait déjà être, cet être desséché qui se révèle inapte à la reproduction, était assimilé vers la fin du roman à un spectre. Parlant de sa vie conjugale avec son mari, elle avait d'ailleurs laissé tomber : « Il a épousé un fantôme[18]. » Cette façon de se percevoir s'accorde parfaitement avec la logique de la réincarnation qui est au cœur du cycle inauguré par *Immobile*. À compter du deuxième roman cyclique, les références au double état de squelette et de spectre de la narratrice se font plus précises : « La nuit, quand je dors trop profondément, je deviens squelette[19]. » Elle ajoute plus loin que son mari retrouve chaque nuit, au lit, à ses côtés, « le même fantôme

16 *Cf.* Ingmar Bergman (réalisateur), *Persona*, Suède, 1966, 80 min.
17 Ying Chen, *Immobile*, *op. cit.*, p. 42.
18 *Ibid.*, p. 153.
19 Ying Chen, *Le Champ dans la mer*, *op. cit.*, p. 19.

et de nouveaux cauchemars[20]. » Le sommeil s'apparentant à la mort, il n'est pas surprenant que ce soit pendant la nuit en particulier que la narratrice revit au quotidien l'expérience de l'anéantissement qui prélude au cycle des réincarnations.

C'est toutefois dans *Querelle d'un squelette avec son double* que le lien établi depuis *L'Ingratitude* entre les romans de Ying Chen et les histoires de fantômes chinois(es) est le plus manifeste, car il se tisse pour ainsi dire à même la trame du roman. Difficile de déterminer, en effet, à la première lecture (voire aux lectures subséquentes de ce roman) qui, du « squelette » ou de son « double », fait office de revenant pour l'autre. Émile Talbot a également relevé cette ambiguïté dans son article consacré au travail de la mémoire en rapport avec l'identité chez Chen. Après avoir désigné, non sans un habile jeu de mots, la narratrice contemporaine de « narratrice réincarnée » et son avatar de « narratrice sinistrée », il ajoute dans une note :

> Ce n'est pas sûr laquelle est le squelette, la narratrice qui périt dans les décombres ou la narratrice réincarnée, car celle-ci est maigre au point où elle doit dissimuler ses « os dangereusement apparents » (22) et continue de maigrir au cours du récit : « ce matin, mes robes ne me vont plus, sans doute parce que j'ai encore maigri durant la nuit » (50)[21].

À mon sens, toutefois, l'ambiguïté ne concerne pas tant qui, de la narratrice réincarnée ou de son avatar, constitue le squelette du titre (le texte pointe clairement dans la direction de la narratrice contemporaine), ni même qui en tant que spectre revient hanter son double (ce ne peut être que la narratrice sinistrée qui interpelle sa « sœur » dans le texte), mais qui a préséance sur l'autre dans la généalogie matrilinéaire qui préside au cycle des réincarnations. Car si le double se présente d'emblée comme l'avatar désincarné de la narratrice réincarnée, cette dernière est désignée (dès le titre du roman) comme le spectre squelettique qui lui a à peine survécu. L'expression revient d'ailleurs dans le récit du double pour désigner ironiquement sa « *chère sœur* » : « *narcissique, vous vous contentez de libérer votre propre spectre*[22]. » Plus loin, il dira d'elle : « *Vous vivez à l'ombre*

20 *Ibid.*, p. 54.

21 Émile J. Talbot, « Conscience et mémoire : Ying Chen et la problématique identitaire », *op. cit.*, p. 158.

22 Ying Chen, *Querelle d'un squelette avec son double*, *op. cit.*, p. 23.

de votre création. Vous êtes une ombre. C'est ce que vous êtes[23]. » En référence à l'univers ducharmien déjà évoqué à propos de *L'Ingratitude*, rien ne nous interdit de voir dans les deux créatures que Chen met en scène dans ce roman des « enfantômes[24] ». Dans *Le Champ dans la mer*, la narratrice s'était contentée d'établir sur le mode analogique une relation spectrale entre elle, son voisin et leurs parents dans sa vie antérieure : « Nous étions enfants de fantômes, citoyens des ruines[25] » ; dans *Querelle d'un squelette avec son double*, les fantômes issus de l'imagination de l'auteur dépassent la simple analogie, ils s'enfantent littéralement l'un l'autre sans que l'on sache très bien qui a préséance sur l'autre, s'il y a même ascendance (ou descendance) de l'un par rapport à l'autre.

Dans un court article intitulé « Notules sur le fantôme », Nicolas Abraham propose une piste intéressante d'analyse pour comprendre comment la figure du fantôme hante de manière très particulière la narratrice du cycle des réincarnations : « Le fantôme est une formation de l'inconscient qui a pour particularité de n'avoir jamais été consciente – et pour cause –, et de résulter du passage – dont le mode reste à déterminer – de l'inconscient d'un parent à l'inconscient d'un enfant[26]. » Si le double dans le récit de Ying Chen apparaît comme l'instance parentale qui a légué au squelette qu'il a enfanté une part de son inconscient, ce qui expliquerait qu'« il fonctionne comme un ventriloque[27] », il faut en déduire qu'il est le véritable fantôme encrypté dans la psyché de la narratrice. Distinct du processus de l'introjection, comme du fantasme d'incorporation, l'apparition du fantôme aurait plus à voir selon Abraham avec la pulsion de mort freudienne : « Car *le fantôme qui revient hanter est le témoignage de l'existence d'un mort enterré dans l'autre*[28]. » Or c'est bien ce dont il s'agit dans ce roman de Chen, le spectre dédoublé de la narratrice étant « enterré » dans son sous-sol, autant dire dans son inconscient. Tout se passe comme si l'auteur avait pris conscience de cette théorie et l'avait habilement « encryptée » dans son propre roman comme matrice de sens pour en déployer les effets de vérité. Mais cette convergence de pensée entre le théoricien et la praticienne peut tout

---

23 *Ibid.*, p. 124.
24 *Cf.* Réjean Ducharme, *Les Enfantômes*, Paris, Gallimard, 1976.
25 Ying Chen, *Le Champ dans la mer*, *op. cit.*, p. 109.
26 Nicolas Abraham, « Notules sur le fantôme », in *L'écorce et le noyau*, *op. cit.*, p. 429.
27 *Ibid.*
28 *Ibid.*, p. 431.

aussi bien s'expliquer par la voie de l'inconscient, qui travaille autant la théorie psychanalytique que la création littéraire…

Le récit de filiation, déjà passablement miné dans les autres rejetons du cycle, trouve néanmoins dans ce roman sa plus problématique formulation. La difficulté ou plutôt l'équivoque tient à ce que l'histoire qui y est narrée, à deux voix, émane en dernière analyse de la même instance narrative qui s'est dédoublée en deux foyers d'énonciation distincts, lesquels donnent lieu, comme dans tous les autres romans du cycle, à deux récits qui se déroulent en parallèle, mais dans le même temps de la narration, comme s'ils étaient racontés en simultané. La voix qu'entend vaguement la narratrice et qu'elle tente en vain d'ignorer est bien celle de l'une de ses incarnations, mais impossible d'établir catégoriquement si cette dernière est un avatar de son passé qui revient la hanter ou l'une de ses réincarnations à venir qui voyage dans le temps pour l'avertir de ses malheurs à venir. C'est ce que le double lui rappelle, non sans ironie : « *Car, je vous le répète, nous ne sommes pas sûres de savoir, n'est-ce pas, laquelle de nous est l'ombre, laquelle est l'objet*[29]. » Les effets d'antériorité et de postériorité s'enrayent au profit d'une hypothétique postérité qui est placée à l'origine même du roman (et du sujet qu'il met en scène). C'est en effet le double qui inaugure le récit et c'est lui qui aura le dernier mot de l'histoire. Bien que le roman respecte par la suite la stricte alternance des récits, comme dans *Immobile*, il n'en demeure pas moins que le cadre dans lequel ils sont enchâssés (quelle que soit la nature du lien qui unit les deux protagonistes) place la voix du double en position de supériorité (ou mieux de surplomb) par rapport à sa « sœur », la narratrice incarnée, en faisant de sa narration le récit-mère du texte.

Ce roman – sans doute le plus ambigu et très certainement le plus ambivalent de tout le cycle – en arrive à brouiller l'ordre chronologique du récit de réincarnation, sans pourtant remettre en question la logique même qui est au centre de son dispositif. En principe, le double en tant que déjà mort au moment où s'entame le récit, donc antérieur au squelette qui lui survit, est l'avatar qui revient hanter la narratrice dans sa vie présente. C'est ce que certains passages du roman laissent entendre, dont le tout premier fragment. Se présentant pour la première fois à la narratrice à qui elle s'adresse, la figure du double lui confie : « *Je viens de vous et, en tant que votre double […], je vous porte en moi en toutes circonstances. […] Je*

29 Ying Chen, *Querelle d'un squelette avec son double*, *op. cit.*, p. 117.

suis plus proche de vous qu'un descendant, plus qu'une sœur, plus qu'un chien, plus qu'une ombre[30]. » Tout pointe dans cette confidence vers une figure ascendante, une mère ou à tout le moins une « matrice » (au sens bouddhiste du terme) puisqu'elle prétend porter la narratrice en elle. L'ordre chronologique des incarnations est en apparence respecté. Par contre, à d'autres moments dans le récit, cette instance narrative qui se réduit à une voix redoublant celle de la narratrice se projette comme l'une de ses incarnations à venir, peut-être même comme sa dernière réincarnation. C'est ce qui se produit, par exemple, dans cet autre passage : « *J'espère qu'en courant vers vous, mon âme, ma seule vraie parente, sinon en hurlant dans votre direction, je m'approche de ma vraie destinée*[31]. » Elle rappelle que si sa propre « *naissance est encore récente*[32] », son avatar, c'est-à-dire la narratrice du cycle des réincarnations, est déjà son « *aïeule*[33] », pire encore, « *la plus vieille vieillarde du monde*[34]. » Elle ne s'y trompe pas, en vérité, puisque la narratrice est son propre ancêtre dans la chaîne de ses réincarnations successives et donc responsable, à son insu, de sa naissance : « *je ne suis pas pour vous une simple parente, mais bien votre double*[35]. »

Si cette chaîne ne peut être brisée qu'en sortant du cycle des réincarnations pour effectuer sa seule et véritable « renaissance », ces aveux du double anticipent le moment de la délivrance, aussi bien pour lui que pour son avatar squelettique. Or cette échappée ne peut se réaliser qu'à la toute fin du cycle, en aval et non en amont du processus, fin qui semblait peut-être atteinte au moment de la parution du roman mais que les autres romans du cycle nous ont obligé par la suite à remettre en question. Ce curieux chronotope, déjà évoqué à propos d'*Immobile*, explique sans doute pourquoi le double a le dernier mot de l'histoire. En survivant au squelette qui représente la narratrice contemporaine du roman, l'épouse de A., son irruption soudaine dans son récit lui signale en fait que le cycle infernal n'est pas encore terminé : « *Je vous regarde de toutes mes forces même si malgré nos gènes identiques, vous prétendez ne pas être moi, ou vous refusez de vivre pour moi, même si, peut-être, vous ne vivez pas du tout, comme je le soupçonne, et votre existence n'est qu'une hallucination, un*

30 *Ibid.*, p. 8.
31 *Ibid.*, p. 17.
32 *Ibid.*, p. 28.
33 *Ibid.*, p. 42.
34 *Ibid.*, p. 47.
35 *Ibid.*, p. 55.

fantasme[36]. » En partageant les mêmes gènes que la narratrice du cycle des réincarnations, son double est bien plus qu'une simple réincarnation de celle-ci (en supposant qu'une réincarnation soit quelque chose d'aussi simple à concevoir) ; il en constitue le clone, l'exacte réplique ou le parfait sosie (autre figure de l'inquiétante étrangeté freudienne), ce qui explique que dans ce roman en particulier il puisse coexister avec le squelette dont il constitue en quelque sorte l'émanation spirituelle. Bref, cet ingénieux stratagème a permis à l'auteur d'explorer, aux confins de la science-fiction, un autre cas de figure concevable à partir de la même matrice bouddhique : le possibilité de la scissiparité, qui existe bel et bien dans des organismes primitifs unicellulaires et qui prend ici la relève du fantasme de parthénogenèse, en en présentant une variante inusitée dans l'œuvre de Chen.

Querelle d'un squelette avec son double renoue également avec un genre que Chen affectionne mais qu'elle n'avait pas réussi à parfaitement maîtriser dans *Les Lettres chinoises*, soit le roman épistolaire. Le modèle qui l'avait inspirée pour l'écriture de son deuxième roman, à savoir *Les Lettres persanes* de Montesquieu, est réinvesti d'une manière beaucoup plus intéressante et subtile par rapport à sa première excursion dans ce genre, en remplaçant l'échange de lettres par un dialogue fictif qui en épouse les contours. Ce dernier fait alterner les voix de la narratrice et de son double tout au long du récit en respectant les conventions du roman épistolaire à deux voix, tout en recourant au « vous » de politesse dans les passages que le double adresse à sa « *chère sœur* ». Si le modèle reste classique, son exploitation stylistique est en revanche moderne et rappelle davantage la technique utilisée par Camus dans *La Chute*, sans aucun doute l'opus de l'auteur de *L'Étranger* qui s'apparente le plus au Nouveau Roman[37]. On se souviendra que dans cette fiction qui se passe à l'étranger, le narrateur bavard s'adressait poliment à un compatriote muet qui l'écoutait patiemment mais qui, en tant qu'interlocuteur, demeurait hors cadre par rapport au récit. Chen reprend le procédé tout en lui réservant un traitement original. La deuxième personne du pluriel – marque de politesse courante, sinon obligée, en français, mais peu usitée en chinois (sauf quand on s'adresse à un aîné ou à une figure d'autorité) – crée à la fois chez elle une distance respectueuse et une

36 *Ibid.*, p. 162.
37 *Cf.* Albert Camus, *La Chute*, Paris, Gallimard, coll. « Folio », 1956.

ironique familiarité entre la voix narrative « désincarnée » (c'est-à-dire celle du double de la narratrice) et son narrataire à peine incarné (à savoir la narratrice du cycle réduite à l'état de squelette). Cet effet de distanciation et de renversement des rôles au sein du familier, tout en relevant de l'*Unheimliche* freudien, rejoint la conception que se fait l'écrivaine chinoise de la fiction et la rapproche singulièrement d'une autre écrivaine rattachée au « nouveau roman » et au « nouveau théâtre » en France :

> La distanciation n'est autre chose pour moi que le souhait de raconter sans expliquer, d'explorer quelque chose à mi-chemin entre imagination et réalité, entre pensée et sensation. Je me souviens vaguement que Nathalie Sarraute, dans une des dernières interviews qu'on a enregistrées d'elle, a fini par répondre qu'après avoir écrit ce qu'elle a écrit, elle n'a plus rien à dire, absolument rien. J'ai cru comprendre ce désir de silence[38].

L'ambivalence du procédé souligne l'ambiguïté de la relation qui lie les deux protagonistes du roman, narratrices à tour de rôle du « même » récit. L'alternance des passages en caractères romains dévolus à la narratrice « en temps réel » et ceux en italiques confiés à son double décalé dans le temps et dans l'espace souligne habilement le caractère *bipolaire* de ce dialogue, qui a toutes les apparences d'un échange épistolaire mais qui se réduit en réalité à une « querelle » fantôme entre une voix à peine incarnée et une autre désincarnée, avec à la clé un effet de brouillage dans la focalisation du récit, puisque ces deux voix émanent en dernière analyse de la même personne et tissent ce qu'on pourrait appeler un monologue à deux voix (qu'il ne faudrait pas confondre toutefois avec un soliloque, dans la mesure où il procède de deux instances narratives distinctes bien qu'ancrées, désincarnée et réincarnée, au sein de la même personne). Ce dispositif qui distingue nettement le foyer d'énonciation de chaque récit a également permis à l'auteur de se dispenser, pour la composition de cet opus en particulier, de l'habituelle division en chapitres adoptée pour tous les autres rejetons du cycle. La composition par fragments souligne davantage la désintégration du sujet qui est au cœur de cette étrange fiction, tout en lui évitant de sombrer dans la psychose grâce au maintien de la frontière, quand bien même fragile, entre le monde réel et le monde imaginaire, limite clairement indiquée par le changement de caractère (au sens typographique du terme) dévolu

38 Ying Chen, *Impressions d'été*, *op. cit.*, p. 11.

à chaque voix. Il n'en demeure pas moins que cette « pathologie » est admirablement exploitée dans le roman comme technique poétique et potentiel d'écriture.

Prenant appui dans deux époques distinctes, mais non déterminées de leur histoire commune, les deux personnalités du sujet parlant (ou réfléchissant) qui s'expriment dans *Querelle d'un squelette avec son double* cohabitent néanmoins dans le même espace qui est ultimement celui de la mémoire transmigrante de la narratrice. Bien que celle-ci refuse de reconnaître l'existence de son double, elle ne peut échapper à son emprise. C'est dans la même ville, pire dans la même maison, qu'elle et son spectre vivent désormais. Il lui arrive même de croiser son double dans la rue :

> C'était il y a quelques mois déjà. Une dame sortait de la pâtisserie d'en face comme je traversais la rue pour m'y rendre. La vue de cette personne m'a inspiré un sentiment très étrange. La lumière du midi devait nous éblouir et nous avions toutes deux les paupières mi-closes. Au moment où elle poussait la porte vitrée de la boutique, j'ai cru me voir dans un miroir[39].

Ce *Doppelgänger*, puisque c'est de cette figure issue du folklore germanique dont il s'agit, est aussi un fantôme qui apparaît à midi, l'heure propice à ce genre d'apparition chez les Romains de l'Antiquité, comme nous le rappelle Freud dans son analyse de la *Gradiva* de Jensen[40]. Rappelons également que selon la version folklorique du mythe, l'apparition du sosie annonce la mort de celui ou celle qui le perçoit. Comme le soleil à son zénith aveugle les deux femmes, il se peut qu'il s'agisse seulement d'une méprise de la part de la narratrice qui ne fait que percevoir son reflet dans la vitre, si cette apparition ne répondait à cet autre passage du roman où le double fait la même expérience qu'elle : « *Le jour où, après des années de recherches stoïques, je vous ai croisée dans votre rue, votre personne m'a frappée, j'ai eu l'impression de me trouver devant le miroir où apparaissait un fantôme, un squelette en mouvement, qui était moi mais pas tout à fait*[41]. » Dans ce rapport spéculaire, c'est la narratrice qui apparaît comme étant déjà « morte » aux yeux du double, qui peut dès lors se loger dans son

39 Ying Chen, *Querelle d'un squelette avec son double*, *op. cit.*, p. 134.

40 *Cf.* Sigmund Freud, *Le délire et les rêves dans la* Gradiva *de W. Jensen*, traduit par P. Arbex et R.-M. Zeitlin, Paris, Gallimard, coll. « folio essais », 1986.

41 Ying Chen, *Querelle d'un squelette avec son double*, *op. cit.*, p. 22-23.

« *cadavre*[42] » afin de continuer à vivre à travers elle : « *Quand je serai morte, je vais entrer dans vos souvenirs, comme les autres, avec les autres. Les morts se logent en vous pour continuer, pour vivre à votre place*[43]. » L'espace joue donc dans ce roman un plus grand rôle structurel et narratif que le temps : en lui finit par se résorber la temporalité du récit, d'où cette sensation d'une histoire qui demeure statique au fil de sa lecture. Car c'est bien au plan topographique du texte que se superposent les deux récits qui se répondent en alternance dans le même temps de la narration. Si tous les autres romans du cycle répondent au chronotope de la « matrice », le « temps-espace » de la réincarnation, celui-ci relève davantage de « l'espace-temps » relatif au voyage dans l'espace. Dans ce sens, *Querelle d'un squelette avec son double* est un roman d'anticipation, mais dont la principale fonction (qui ne pouvait être saisie que rétrospectivement) se résume à anticiper les autres romans du cycle.

En effet, non seulement y a-t-il dans *Querelle d'un squelette avec son double*, comme dans tous les romans du cycle, des allusions aux romans précédents, mais apparaissent aussi des signes avant-coureurs de ceux à venir. En amont, la narratrice se réfère à sa « belle voix[44] », qui lui rappelle qu'elle aurait bien voulu être chanteuse, souvenir discret de l'époque lointaine où elle était cantatrice. Son double fait ensuite allusion à l'époque où, fatiguée, elle se laissait vivre : « *Vous éprouvez autant de fatigue maintenant qu'il y a deux cents ans, autant de fatigue dans votre fauteuil chic que dans un champ de maïs, autant de fatigue en dormant qu'en restant debout*[45]. » Au passage, nous recueillons une rare précision temporelle qui nous permet de dater un peu mieux la chronologie du cycle des réincarnations : si la vie ancienne de la narratrice dans *Immobile* remontait à l'époque féodale, deux siècles se sont écoulés entre *Querelle d'un squelette avec son double* et *Le Champ dans la mer*. À la manière du mari archéologue, le lecteur en est réduit à déterminer l'âge approximatif des avatars de la narratrice à l'aide de signes discrets qui apparaissent ici et là dans son récit et qui lui servent d'isotopes radioactifs… Il en déduit qu'en avançant dans sa lecture du cycle, il se rapproche de l'époque contemporaine, ce que l'aveu de la narratrice concernant son incapacité

42 *Ibid.*, p. 35.
43 *Ibid.*, p. 88.
44 *Ibid.*, p. 12.
45 *Ibid.*, p. 21.

à se souvenir de ses vies anciennes dans *Le Mangeur* confirmera. En aval, *Querelle d'un squelette avec son double* fait signe aux romans à venir, bien que les indices proleptiques qu'il renferme ne pouvaient être décodés qu'à la lecture de ces derniers. Le thème secondaire de la nourriture, représenté par le gâteau acheté à la pâtisserie située en face de la maison actuelle de la narratrice, deviendra central dans le roman suivant du cycle qui tourne autour d'une épicerie de quartier que fréquente son père dans sa vie antérieure. Mais alors que la fille, et surtout son père, s'avèrent boulimiques dans ce roman, c'est à une femme anorexique que nous avons affaire ici :

> Depuis que A. et moi avons emménagé ici, en face de cette boutique, je ne connais plus la sensation de faim. L'odeur de la farine ingénieusement traitée et sortant toute chaude du four me nourrit amplement. Sans me donner la nausée cependant, car je ne contiens plus grand-chose dans mon corps, n'ai pas à vomir sur ce monde[46].

La narratrice semble avoir retrouvé l'état qui caractérisait son avatar dans *L'Ingratitude*, où ce dernier n'existait plus que sous la forme d'une fumée s'échappant d'un repas funéraire. En revanche, son double affamé est le précurseur de sa réincarnation future dans *Le Mangeur* : « *J'aime cuisiner. Par exemple, j'excelle dans les marinades. Je sais traiter les viandes. Je ne recule pas devant les choses saignantes. Je n'ai jamais eu aussi faim*[47]. »

Si le motif de la nourriture est très présent dans les romans de Chen, qui l'introduit en tant que tel dans *L'Ingratitude* bien qu'il était également suggéré dans *Les Lettres chinoises*, c'est dans *Querelle d'un squelette avec son double* et *Le Mangeur* que ce dernier devient réellement un thème obsessif de l'œuvre. Comme le rappelle Marie-Christine Lambert-Perreault : « Bénéfique ou mortifère, objet de convoitise ou de dégoût, l'aliment constitue, dans les récits de Ying Chen, un instrument relationnel et le vecteur d'une identité culturelle ou familiale[48]. » Il signale un désordre pathologique lié à une pulsion orale déréglée : anorexique dans un cas, boulimique dans l'autre. Or nous savons que ces deux « troubles du comportement alimentaire » ne sont que l'envers et l'endroit d'une même

46 *Ibid.*, p. 10.
47 *Ibid.*, p. 62.
48 Marie-Christine Lambert-Perreault, « Rhétorique culinaire dans *Le Mangeur* de Ying Chen », *op. cit.*, p. 178.

pathologie qui se traduit par une carence affective que rien ne réussit à combler, ni à étancher. C'est bien ce destin pathologique que partage à parts égales la narratrice et son double dans le troisième roman du cycle des réincarnations.

Deux événements en particulier, auxquels il est fait allusion dans *Querelle d'un squelette avec son double*, ne prennent toute leur signification qu'à la lumière des romans suivants. Dans un premier temps, la figure du double évoque le souvenir d'un tremblement de terre dans lequel elle aurait trouvé la mort, bien qu'elle prétende avoir survécu dans le « sous-sol » de sa maison écroulée : « *Le bas de mon corps est enterré, figurez-vous, il ne m'écoute plus depuis le tremblement de terre, depuis ce mouvement superficiel du sol où j'habite, où l'on me croit chez moi*[49]. » Elle s'étonne que cela se soit produit dans une région du globe où la fréquence des tremblements de terre est « *minime*[50] ». Cet endroit pourrait aussi bien être Vancouver, où les séismes sont effectivement rares, que Shanghai, épargné par ce phénomène beaucoup plus fréquent ailleurs en Chine. Une fois de plus, le flou est entretenu quant au lieu précis de l'intrigue, tout en suggérant la superposition de deux espaces opposés qui se confondent dans le récit. S'il est impossible de localiser le lieu exact voire approximatif où le double de la narratrice a été enseveli vivant, en revanche il est clairement établi que la région où il a survécu avant d'élire domicile chez elle est séparée de celle de sa « sœur » par une simple rivière (ou un fleuve) : « *Je vous attendais loin de chez vous également, lorsque je me trouvais de l'autre côté de la rive*[51]. » Dans leurs existences distinctes, c'est-à-dire avant le cataclysme, les deux *persona* du roman se trouvaient donc sur les rives opposées d'un cours d'eau qui les séparait ; mais dans leur vie commune, après le tremblement de terre qui a bouleversé l'ordre normal des choses, elles cohabitent sous le même toit, l'une à l'étage, l'autre dans le sous-sol de le maison où elle est enterrée vivante. On peut aisément déceler dans ces *topoï* superposés la figuration spatiale du clivage du sujet entre le conscient (la maison où vit la narratrice mariée à l'époque contemporaine) et l'inconscient (le souterrain où survit la figure de son double). Or dans *La rive est loin*, le dernier titre du cycle,

49 Ying Chen, *Querelle d'un squelette avec son double*, *op. cit.*, p. 7. Cette image suggestive rappelle, bien sûr, la pièce de Beckett *Oh les beaux jours.*

50 *Ibid.*, p. 52.

51 *Ibid.*, p. 60.

la narratrice trouvera également la mort, aux cotés de son mari, dans la cave de la maison familiale à la suite d'un tremblement de terre. Le séisme dont il est question dans *Querelle d'un squelette avec son double* n'était donc que la prémonition de celui qui mettra fin au cycle, du moins en apparence, quand « l'autre rive » (annoncée dès *Immobile* puis réitérée comme leitmotiv tout au long du cycle) sera enfin atteinte. Mais pour le moment, cette dernière reste encore bien lointaine…

À un autre moment de son récit, la figure sororale du double fait allusion à un enfant qu'elle aurait eu d'un amant de passage et qu'elle aurait aussitôt abandonné : « *le petit garçon que, dès sa naissance, j'ai confié à l'une de mes voisines d'en haut de l'immeuble était de lui, par accident*[52]. » Auparavant, elle avait évoqué le souvenir d'un autre « *enfant disparu*[53] » à la suite d'une nuit d'orage violent, qui avait laissé ses parents dans le deuil. À la toute fin du roman, elle revient sur le souvenir de son propre enfant disparu, en annonçant sur un ton sibyllin à la narratrice son retour imminent :

> Je vous regarde un peu comme un parent à l'agonie regarde la silhouette de son enfant, content de se faire accompagner par celui-ci, jusqu'à mi-chemin bien sûr, pensant que sa vie se prolongera en quelque sorte sous la forme de cet enfant, à l'insu de ce dernier ou contre son gré. Vous voudrez bien me pardonner cette comparaison qui peut vous paraître déplacée. C'est que, mon vrai enfant, je ne le trouve pas. Je ne le vois ni en plein jour ni dans les ténèbres. Je me suis trop concentrée sur vous, ma sœur. Et l'enfant est parti. Il ne m'est pas destiné. Mon ventre lui a servi de logis passager, il laisse son empreinte au creux de mon corps et il court rejoindre quelqu'un d'autre. Je crois que tôt ou tard vous tomberez sur lui[54].

Plus tard que tôt, à vrai dire, car avant de revenir hanter la narratrice dans *Un enfant à ma porte*, comme le suggère le reste du passage, il faudra que cette dernière passe d'abord par un autre de ses avatars situé du côté du père. C'est tout de même sous la forme d'un legs maternel, qui fait pendant à celui du père dans *Le Mangeur*, que la figure « originale » de la mère qu'incarne le double dans le récit cède son enfant au squelette qui lui survit :

> Rien ne l'empêchera de venir frapper à votre porte. Faites-le entrer alors, donnez-lui ce que je n'ai pas pu donner. Tâchez de ne pas le traiter comme

52 *Ibid.*, p. 71.
53 *Ibid.*, p. 16.
54 *Ibid.*, p. 161-162.

> un simple réfugié. Contrôlez le mépris et le dégoût qui remontent du plus profond de vous, les instincts qui reviennent des temps les plus lointains, dès que vous faites face à quelqu'un dans le besoin, dès que vous recevez des appels au secours. Car mon enfant est aussi le vôtre, s'il ne l'était pas, je ne vous l'offrirais pas. Un jour vous aurez peut-être besoin de le regarder comme je vous regarde maintenant[55].

Malgré cet avertissement, le lecteur ou la lectrice qui avait lu le roman au moment de sa parution ne pouvait pas se douter que ce dernier annonçait effectivement les romans futurs du cycle, tellement il semblait destiné à se refermer sur lui-même comme une huître stérile sans avenir. Nul ne pouvait savoir, ni deviner, que l'huître close contenait une perle qu'elle avait secrétée (voire *perlaborée*) dans le secret de sa gestation… Cette querelle d'un squelette avec son double, ou d'un double avec son squelette (autant dire de soi avec soi-même), que l'on pourrait être tenté de comparer à une « fausse couche », débouchait en apparence sur une aporie narrative, soulignée par le tout dernier passage du roman qui fait suite au passage précédent : « *Car, à part moi-même, à part ma propre image, je trouve peu d'éléments de ce monde à regarder amoureusement. Je préfère alors fixer dans ma pénombre ce maigre point blanchâtre que vous représentez à mes yeux, ce semblant de chemin ou de lumière, jusqu'au dernier instant*[56]. » Difficile d'imaginer alors, pour qui ne savait pas encore avoir affaire à une œuvre cyclique, ce que Ying Chen aurait pu écrire après ce rejeton décharné qui semblait mettre un terme aux « vicissitudes désencadrées du temps et de l'espace » de sa narratrice. Le recueil d'essais *Quatre Mille Marches* n'était pas encore publié et quand il parut l'année suivante, l'auteur se contenta de référer vaguement à propos du *Champ dans la mer* à un « ensemble romanesque » en cours d'élaboration. Puis *Le Mangeur*, publié deux ans plus tard, sembla amorcer une nouvelle trajectoire dans le projet d'écriture de l'auteur en renouant avec *L'Ingratitude*, qui n'appartient pas à proprement parler au cycle des réincarnations bien que la romancière ait pris soin a posteriori de le rattacher à *Immobile.* Pourtant la perle était déjà là, à l'œuvre, pour la suite de l'Œuvre.

En réalité, comme nous avons pu le constater au chapitre précédent, *Le Mangeur* ne signalait pas tant une nouvelle trajectoire dans l'œuvre cyclique de Ying Chen qu'une simple tangente par rapport au cycle duquel

55 *Ibid.*, p. 162.
56 *Ibid.*

il émane et dont il fait partie intégrante. Force nous est de constater que *Querelle d'un squelette avec son double* s'insère à son tour dans une suite logique où chaque roman ne prend tout son sens qu'à la lumière des autres titres du cycle. Car si la narratrice se souvient, d'un roman à l'autre, de ses incarnations successives, chaque roman du cycle se laisse lire à son tour comme l'avatar du roman à venir. *Immobile* constitue sans aucun doute la matrice du cycle, mais chaque nouveau chaînon devient à son tour une matrice pour l'autre roman qui lui succède dans la chaîne de sa transmission. Dans ce sens, *Un enfant à ma porte* a été littéralement engendré par la querelle non résolue entre la narratrice et son avatar à la fin de *Querelle d'un squelette avec son double*, comme j'aurai incessamment le loisir de le démontrer.

LE DEVENIR-MARÂTRE

Après l'échec du dialogue sororal dans *Querelle d'un squelette avec son double* et de la relation symbiotique avec le père dans *Le Mangeur* – l'échec de la relation avec la mère étant déjà consommé depuis *L'Ingratitude* puis réitéré dans *Le Champ dans la mer* –, il fallait bien que quelque chose de neuf se produise dans le cycle des réincarnations si ce dernier devait se poursuivre. Cette nouveauté, qui avait été annoncée à la fin du roman où le double léguait son enfant naturel à la narratrice, mais qui a été par la suite différée quand cette dernière a subitement transmigré du côté du père, est introduite dans *Un enfant à ma porte* où la distribution des rôles se renverse : la narratrice cesse alors d'être la fille d'une mère dominatrice et castratrice, ou d'un père absent (ou à l'inverse trop présent), pour devenir à son tour mère de famille. Elle quitte donc le monde des ancêtres, dont le culte fut si important en Chine (si telle est son origine), pour aborder celui des descendants. Encore faut-il rappeler qu'elle ne devient pas mère par la voie naturelle, en procréant, mais par la voie de service qui consiste dans son cas à adopter provisoirement un enfant surgi inopinément au seuil de sa maison (et dans sa vie) : « Je l'avais découvert un samedi matin en m'approchant de la porte du jardin. [...]. L'enfant dormait par terre, juste derrière la grille, à la manière d'une grenouille, les membres bien repliés sous son corps frêle, une joue appuyée contre le sol, le derrière légèrement levé en l'air[57]. » En outre, il ne s'agit pas d'une adoption en bonne et due forme, mais d'une forme d'hébergement provisoire qui ressemble davantage à l'accueil plus froid que l'on réserve à un itinérant de passage qu'à un enfant adoptif.

Si ce roman en particulier peut être lu comme un « récit de filiation », Martine-Emmanuelle Lapointe a tout à fait raison cette fois de souligner qu'il « investit de manière volontairement subversive les thématiques propres aux récits de filiation[58]. » Le lecteur non averti aurait pu s'attendre en effet à ce que dans ce renversement inattendu (voire inespéré) des rôles, la fille brimée et humiliée *répare*, après la revanche posthume opérée dans *L'Ingratitude*, les torts subis aux mains de sa mère abusive en devenant elle-même une mère exemplaire. Or c'est tout le contraire qui va se produire. Incapable d'élever convenablement le fils providentiel qu'elle recueille un beau matin à sa porte, elle incarne plutôt, et ce, contre sa volonté, la figure honnie de la « marâtre » qu'elle avait dénoncée à sa manière dans les romans précédents. Elle n'est certes pas une marâtre au sens conventionnel du terme, ni une mère cruelle comme pouvaient l'être les autres figures de mères mises en scène par l'auteur dans ses romans précédents (du moins au début de son aventure maternelle, car la situation va se détériorer en cours de route), mais en négligeant ses fonctions de mère ou en se révélant incapable de les remplir adéquatement, elle passe pour l'être aux yeux de ses voisines. Il conviendrait plutôt à ce propos de parler d'un « devenir-marâtre », en s'inspirant encore une fois de Deleuze et Guattari[59] qui insistent sur le caractère progressif, aléatoire mais irréversible (une fois entamé) d'un tel devenir, plus réel, en ce sens, qu'une simple imitation, en ce que c'est l'expérience non voulue de la maternité et pour laquelle elle n'était pas préparée qui transforme, bien malgré elle, la narratrice en mauvaise mère.

57 Ying Chen, *Un enfant à ma porte*, Montréal, Boréal, 2008, p. 13.

58 Martine-Emmanuelle Lapointe, « Disparaître ? », *Voix et Images*, vol. 34, n° 3 (105), printemps-été 2009, p. 124.

59 *Cf.* Gilles Deleuze et Félix Guattari, « Devenir-intense, devenir-animal, devenir-imperceptible », in *Mille Plateaux*, Paris, Minuit, 1980, p. 284-380. – Julie Rodgers reprend les mêmes formulations pour caractériser le devenir-animal de la narratrice de Chen dans son roman suivant, *Espèces*. *Cf.* Julie Rodgers, « "On s'occupe du multiple, on tourne le dos à l'unité" : Ying Chen and Nomadic Figurations of the Subject », *op. cit.*, p. 64.

Il n'est pas question ici d'établir un lien entre cette représentation dépréciative de la maternité et la vie de la romancière, elle-même mère de deux enfants. Par contre, une confidence de cette dernière aide à comprendre pourquoi elle a écrit ce roman en particulier et comment, dans sa conception même, il résonne avec sa propre expérience éprouvante de la maternité. C'est dans la préface à son unique recueil de poèmes, publié entre L*e Mangeur* et *Un enfant à ma porte*, que Chen s'en explique le mieux. Après avoir évoqué le « décès précoce d'un membre de [s]a famille », sur lequel je reviendrai en temps opportun, elle confiait :

> D'un autre côté, il y a l'arrivée des enfants qui me précipite dans un endroit où la misère et la splendeur sont difficiles à démêler. L'épreuve de la maternité est extrême. Je suis très étonnée, seulement maintenant, en devenant mère, que cette partie aussi importante et complexe de la vie et de l'histoire humaine soit si rarement sinon romantiquement présentée dans la littérature de toutes les époques. Je me sens parfois au bord d'un précipice, mes amies mères me disent que le marathon est à peine commencé, il faut se préparer à une épreuve perpétuelle que je vais vivre jusqu'à ma mort[60].

Avant de poursuivre avec cette citation qui trace tout de même une correspondance entre l'aveu personnel et le roman qui lui donne suite, notons que les mères invoquées par l'écrivaine sont des amies qui, tout en se révélant solidaires de la situation qu'elle vit, lui annoncent non sans malice les épreuves à venir. Ce trait sera transposé dans *Un enfant à ma porte*, où les voisines du quartier, à l'exception de Madame B. qui fera office de gardienne occasionnelle, sont médisantes à l'endroit de la narratrice quand elle se révèle inapte à s'occuper de l'enfant qu'elle a accueilli dans sa demeure. Une fêlure semble s'être introduite au sein de la solidarité féminine, ce qui pourrait nous laisser croire que l'écrivaine a pris elle-même ses distances par rapport au discours féministe. Or le passage qui suit immédiatement cette confidence doit nous détromper, si nous entretenions encore un doute à ce sujet : « Je suis en train d'écrire un roman sur la maternité, sur la détresse refoulée des mères, sur leur épuisement physique et mental, sur leur solitude profonde, sur leur courage, sur la condition inquiétante dans laquelle l'espèce humaine se reproduit aujourd'hui[61]. » Tout en s'inscrivant logiquement dans le

60 Ying Chen, *Impressions d'été*, *op. cit.*, p. 13-14.

61 *Ibid.*, p. 14.

cycle des réincarnations, *Un enfant à ma porte* est donc aussi un roman féministe, écrit dans la perspective spécifique d'une solidarité avec les femmes en tant que mères, bien que, transposée dans la fiction, cette expérience de la maternité débouche chez sa narratrice sur une profonde solitude qui l'isole des autres mères du récit. Comme l'a bien vu Julie Rodgers dans son étude consacrée à ce titre dans la production de Chen : « Le grand paradoxe de ce roman réside en ce que, bien qu'il semble impossible d'être soi quand on est mère, il est aussi difficile, sinon plus encore de s'établir comme "une vraie femme" (*Un enfant* 17) aux yeux de la société quand on n'est pas mère[62]. » Être ou ne pas être mère ? Voilà la question qui constitue le dilemme de la narratrice et qu'elle ne saura pas mieux trancher que Hamlet n'était parvenu à résoudre son propre problème existentiel.

Le roman, quoique encore habité par le souvenir d'existences antérieures, innove également en ce qu'il délaisse la matrice temporelle propre au cycle des réincarnations, qui se déplaçait invariablement du présent vers le passé, pour amorcer le mouvement contraire, en partant de la situation présente de la narratrice pour se projeter vers l'avenir. Or ce futur hypothétique, que l'on aurait pu croire prometteur, sera vite hypothéqué par l'inaptitude de la narratrice à incarner une figure de mère exemplaire. Les chapitres se succèdent donc normalement dans l'ordre chronologique du récit unique qu'elle fait de son expérience éprouvante de la maternité. Toutefois, un fragment du texte se détache de tout le reste afin d'établir un lien de continuité avec *Querelle d'un squelette avec son double*. On se souvient qu'à la fin de ce roman, le double de la narratrice lui léguait son enfant que l'on aurait pu croire imaginaire. *Un enfant à ma porte* s'amorce par une manière d'introduction mise en italique, comme les passages dévolus au double dans le roman précédent, et pour ainsi dire placée en exergue par rapport aux chapitres numérotés qui lui succèdent. À sa lecture, il est clair que ce passage est moins une entrée en matière traditionnelle qu'une manière habile de raccorder le nouveau roman du cycle à celui qui l'avait en quelque sorte préparé avant l'intermède du *Mangeur*. Après y avoir passé en revue les principaux motifs de son existence – son « *état somnambulique* », son devenir « *squelette* », ses nombreuses vies « *sans doute*

62 Julie Rodgers, « "Comment peut-on être *moi* quand on est *Mère* ?" Une étude de la maternité dans *Un enfant à ma porte* (2009) de Ying Chen », *International Journal of Canadian Studies / Revue internationale d'études canadiennes*, n°s 45-46, 2012, p. 410.

fantomatiques », sa « *mémoire trompeuse* », ses jambes « *sans force et toujours flottantes*[63] » – la narratrice, qui se confond désormais avec le double qui lui avait légué son enfant, conclut par l'énonciation d'une certitude : « *je suis sûre au moins de cela : il était venu à moi, j'avais eu un enfant*[64]. » Comme elle fait référence dans le même passage à sa vie conjugale avec A. par l'entremise de leur photo de mariage, ce qui n'était pas le cas de son double dans le roman précédent, il ne fait plus de doute que nous avons affaire de nouveau à la narratrice du cycle des réincarnations qui a absorbé la figure du double en son sein, comme il avait été prédit par sa « rivale » dans *Querelle d'un squelette avec son double*. En se substituant au double dont elle accepte à son corps défendant le don de l'enfant, elle constitue un relais narratif de l'histoire de son avatar qui se poursuit à travers elle. Ce trait explique sans doute qu'elle échouera, à son tour, à bien s'occuper de cet enfant providentiel dont elle a hérité malgré elle.

Si des liens attestés existent entre l'œuvre de Ying Chen et celle d'Hector de Saint-Denys Garneau ou de Réjean Ducharme, c'est à Anne Hébert que fait songer en particulier la matrice d'*Un enfant à ma porte*. À part le leitmotiv le plus célèbre dans l'œuvre de la poète et romancière québécoise[65], que j'ai choisi de mettre en exergue à ce chapitre tant il résonne avec les deux romans qui y sont traités, il faut souligner la parenté entre ce roman en particulier de Chen et l'avant-dernier récit d'Hébert, *Est-ce que je te dérange ?*, dont le prétexte, de l'aveu même de la l'auteur, fut la découverte d'une jeune fille réfugiée sur le seuil de son appartement parisien au retour d'un concert[66]. Ce récit reprenait et investissait par la prose une image forte provenant d'un autre poème tiré du *Tombeau des rois*[67] avec lequel *Un enfant à ma porte* présente des affinités électives. Ying Chen ne mentionne jamais le nom d'Anne Hébert comme l'une de ses sources possibles d'inspiration,

63 Ying Chen, *Un enfant à ma porte*, *op. cit.*, p. 9.

64 *Ibid.*, p. 10.

65 « Le monde est en ordre / Les morts dessous / Les vivants dessus. » Anne Hébert, « En guise de fête », in *Poèmes*, Paris, Seuil, 1960, p. 35. – Tiré du recueil *Le Tombeau des rois* (1953), ce leitmotiv revient inlassablement dans plusieurs œuvres de l'auteur, comme l'attestent les *Œuvres complètes d'Anne Hébert*, *I. Poésie*, édition établie par Nathalie Watteyne, Montréal, Les Presses de l'Université de Montréal, coll. « Bibliothèque du Nouveau Monde », 2013, p. 253, n. 19.

66 *Cf.* Danielle Laurin, « Anne Hébert existe, je l'ai rencontrée », *L'Actualité*, 1 mai 1998.

67 « Une petite morte s'est couchée en travers de la porte. // Nous l'avons trouvée au matin, abattue sur notre seuil / Comme un arbre de fougère plein de gel. » Anne Hébert, *op. cit.*, p. 47 (repris dans *Œuvres complètes d'Anne Hébert*, *op. cit.*, p. 263).

contrairement aux auteurs québécois dont elle reconnaît l'influence sur son œuvre, mais la coïncidence ici est trop grande pour ne pas être relevée. L'apparition de l'enfant trouvé y est racontée en effet en des termes similaires, comme l'atteste le passage cité au début de cette analyse.

Si le thème d'*Un enfant à ma porte* a pu être suggéré par l'œuvre d'Anne Hébert, le traitement que lui réserve Ying Chen est en revanche tout à fait original et s'inscrit parfaitement dans la logique de son écriture transmigrante qui régit le cycle des réincarnations. En premier lieu, l'enfant fait son entrée dans le récit *par effraction*, étant admis que personne ne peut adopter en toute liberté un enfant de « cinq ou six ans[68] » tout simplement parce qu'il s'est présenté un beau matin sur le pas de sa porte. C'est pourtant ce qui se passe ici, comme par ailleurs tout ce qui survient spontanément dans la vie transmigrante de la narratrice, laquelle accepte ce qui lui arrive comme allant de soi. Par la suite, personne ne vient réclamer l'enfant perdu (ce qui s'explique par contre par le legs surréel dont il a fait l'objet dans *Querelle d'un squelette avec son double*), qui disparaîtra à nouveau à la fin du roman comme il était apparu subitement au tout début. Enfin, la structure du roman est elle-même cyclique, l'histoire que raconte la narratrice commençant par la fin, qui est déjà consommée au début du roman, avant de revenir à ce qui a mené à cette conclusion fatidique, comme dans le film de Bergman *De la vie des marionnettes*. Suite à l'exorde qui lui servait d'alibi, le récit proprement dit commence en effet par le constat de la disparition future de l'enfant :

> Cet enfant a bel et bien habité cette maison pendant exactement trois cent quatre-vingt-neuf jours, remuant mon espace, criant, pleurant, grimpant, tapant, salissant, sautant, ronflant. Trois cent quatre-vingt-neuf jours de désordre, de demandes pressantes, de tumulte, à la seule exception des heures de sommeil. Puis, soudainement, le fracas continuel s'est éteint. L'enfant est disparu de la maison sans avertir, son départ, aussi surprenant que son arrivée[69].

Fait à noter, la durée du séjour de « l'enfant trouvé[70] » dans le foyer domestique de la narratrice est précisément enregistré et réitéré. Plus

68 Ying Chen, *Un enfant à ma porte*, *op. cit.*, p. 13. Il est à noter que c'est l'âge approximatif que lui attribue la narratrice au moment de sa découverte.

69 *Ibid.*, p. 11.

70 En revisitant ce topos littéraire, Ying Chen réactive la figure déjà analysée par Marthe Robert en l'apparentant à celle de l'orpheline qui caractérise la narratrice de son cycle transmigrant. *Cf.* p. 41.

loin, elle décidera avec son mari que le 5 juillet, jour où il est apparu comme par magie devant leur porte, « était l'anniversaire de ses cinq ans[71] ». Une fois recueilli chez elle, ce « survenant » (en référence à la figure de l'étranger qui surgit soudainement dans le village qui sert de cadre au roman éponyme de Germaine Guèvremont[72]) va bouleverser la vie monotone de la narratrice pendant plus d'un an : « Trois cent quatre-vingt-neuf jours de désordre, de demandes pressantes, de tumulte, à la seule exception des heures de sommeil[73]. » Accueilli d'abord avec soulagement, car il lui permettra, pense-t-elle, sans avoir eu à passer par les douleurs de l'enfantement, de connaître les joies de la maternité par procuration, l'enfant ne tardera pas à se révéler un fardeau :

> Je ne vais jamais avouer à personne qu'au moment où je me suis penchée sur l'enfant, je savais que je ne devais pas le toucher, qu'il aurait eu un bien meilleur sort sans moi, que mon geste d'en prendre possession était malgré tout le contraire de la charité. Je savais depuis toujours et au plus profond de moi que je ne suis pas une femme à enfants. Devenir mère ne fait pas partie de mon destin[74].

En réalité, adopter cet enfant trouvé était tout à fait inscrit dans son destin, si ce n'est dans ses « gènes », puisqu'il lui était destiné, pour ainsi dire, dès l'origine (celle de son double qui coïncide avec la sienne). Ce qui ne lui était pas destiné, en revanche, était de devenir une « bonne mère », toujours au sens que prête Mélanie Klein à ce terme[75], pour l'enfant abandonné, ce qu'elle tentera tout de même de réaliser contre sa nature profonde de « narcissique » révélée depuis *Immobile* et réitérée dans *Querelle d'un squelette avec son double*. Elle fera bien tout en son pouvoir pour mimer la figure de la « bonne mère », mais elle ne parviendra qu'à incarner celle de la « marâtre » aux mains de laquelle elle avait souffert dans ses existences antérieures :

71 Ying Chen, *Un enfant à ma porte*, *op. cit.*, p. 29.

72 *Cf.* Germaine Guèvremont, *Le Survenant*, Montréal, Fides, coll. « Bibliothèque canadienne-française », 1974 [1945].

73 Ying Chen, *Un enfant à ma porte*, *op. cit.*, p. 11.

74 *Ibid.*, p. 15.

75 Au sujet d'un enfant qu'elle recevait en thérapie, la psychanalyste constate : « Le clivage précoce de l'image de la mère en une bonne et une mauvaise "mère nourrice", moyen de s'accommoder de l'ambivalence, avait été très marqué chez cet enfant. Cette division se modifia plus tard et aboutit à la division entre la "mère nourrice" qui était "bonne" et la mère "génitale" qui était "méchante". » Mélanie Klein, *op. cit.*, p. 378.

> La mère dans *Un enfant à ma porte* doit sans cesse faire face à la pression sociale de se conformer à la définition que fournit l'idéologie dominante de ce qui constitue une « bonne mère ». Il n'est point surprenant alors qu'elle se sente continuellement hantée par la crainte d'échouer, de devenir une « mauvaise mère », mais la réalité qui en résulte est que, contrairement à ce que nous ferait croire l'institution, la maternité, telle que vécue par la narratrice, est loin d'être une étape cohérente, aisée et unifiée dans la vie d'une femme[76].

C'est en effet pour les mauvaises raisons que cette mère par dépit a accepté de conserver ce don reçu du ciel. Elle espérait donner à son mari un héritier qui puisse compenser leur union stérile et peut-être regagner ses faveurs, tout en gagnant l'estime de ses voisines. Pour un temps, ce stratagème fonctionnera, le mari se réinvestissant (dans les deux sens du verbe) auprès de sa femme pour élever dans les meilleures conditions possibles l'enfant prodigue (voire prodige). Aucune dépense n'est refusée afin d'assurer le bien-être du petit. Les voisines, par contre, se montrent rapidement sceptiques face au bonheur « emprunté » de la fausse mère : « Les mères dans le voisinage n'allaient pas tarder à me détromper de cette illusion. En me contant leur mémorable peine de l'accouchement, elles me laisseraient entendre que, sans souffrance, il n'y a pas de mère, pas d'enfant, pas de vie, rien[77]. » Une fois de plus, c'est le supposé narcissisme de la narratrice, accusée d'être égoïste par ses voisines, qui est visé. Ces dernières ne remarquent pas toutefois en quoi elles font de leur souffrance de parturientes l'expression même de leur expérience narcissique de la maternité.

Quoi qu'il en soit, ce sacrifice auquel la narratrice n'a pas elle-même consenti, elle en tirera la leçon en visitant une exposition sur l'élevage des vers à soie qui a valeur de révélation dans le récit. Le chapitre du roman où est racontée cette scène vitale fait en effet office de mise en abyme en se présentant comme une allégorie de ce que s'apprête à vivre l'apprentie mère, même si elle n'est pas passée par l'expérience éprouvante de la maternité. De plus, il établit un lien symbolique supplémentaire avec la culture chinoise de l'auteur, la Chine ayant longtemps conservé le secret de la fabrication de la soie, comme le rappelle Rosalind Silvester :

> Malgré ses propos [il s'agit de ceux de Ying Chen], la Chine n'est pas complètement absente de son texte. Elle est par exemple présente dans le

76 Julie Rodgers, « "Comment peut-on être *moi* quand on est *Mère* ?" Une étude de la maternité dans *Un enfant à ma porte* (2009) de Ying Chen », *op. cit.*, p. 406.

77 Ying Chen, *Un enfant à ma porte*, *op. cit.*, p. 14.

> thème du ver à soie qui, crucial dans le commerce de la soie qui remonte à plus de cinq mille ans, est aussi le symbole de la réincarnation dans de nombreuses anciennes légendes chinoises. La récurrence de cette image dans les pensées de la narratrice fonctionne donc comme un puissant rappel de l'Extrême-Orient[78].

Lors de cette visite, la narratrice y découvre qu'après avoir pondu ses œufs, « le ver mère ne mangeait plus [...] sa fin était presque immédiate[79]. » Pour que l'espèce survive (un mot qui résonne fortement à travers le cycle des réincarnations), il fallait que la mère qui a à charge de la perpétuer se sacrifie : « Son espèce allait perdurer, un peu grâce à elle, mais non pas elle, qui commençait à mourir dès le moment où elle accédait au rang de mère[80]. » À travers la métaphore filée (c'est le cas ici de le souligner) de la mère ver à soie, la narratrice fait l'expérience de « la négativité, voire le caractère vampirique, de la filiation[81]. » Elle ne peut s'empêcher, après ce constat amer, de faire un rapprochement avec sa propre situation : « La venue de l'enfant signalait le départ de la mère[82]. » C'est sans doute ce qui explique qu'elle ne pourra jamais aimer elle-même « son » enfant, ce don mortifère qui lui a été légué par une autre mère, bien que cette dernière fut son avatar : « Devant mon enfant, j'étais vite devenue une mère, un ver à soie mourant, et non pas un artiste devant une œuvre[83]. » Elle retrouve ainsi la condition des bouddhas retenus dans la « mer amère » qu'elle avait déjà soulignée dans *Immobile*. Nul espoir de renaissance, c'est-à-dire de délivrance, pour elle tant que ce lien terrestre, à savoir l'enfant, l'enracinera ici-bas. Il fallait donc, dans la logique du récit de réincarnation qui se distingue de celle du récit de filiation, que l'enfant disparaisse avant la fin du roman, fin qui avait été programmée pour ainsi dire dès son amorce.

Après la visite à l'exposition et sa « révélation » – aussi bien dire son épiphanie qui s'apparente ici à un satori –, la situation domestique ne tardera pas en effet à se détériorer. La mère improvisée éprouve du mal à élever son enfant convenablement, c'est-à-dire selon les préceptes et

78 Rosalind Silvester, « De l'individuel à l'universel : *Un enfant à ma porte* », in *Traits chinois / lignes francophones*, *op. cit.*, p. 166-167.
79 Ying Chen, *Un enfant à ma porte*, *op. cit.*, p. 44.
80 *Ibid.*, p. 46.
81 Martine-Emmanuelle Lapointe, « Disparaître », *op. cit.*, p. 125.
82 Ying Chen, *Un enfant à ma porte*, *op. cit.*, p. 46.
83 *Ibid.*, p. 100.

prescriptions de « l'art d'être maman ». En fait, elle voudrait qu'il soit à son image – sage, tranquille, résigné –, ce qu'un petit garçon actif et très vif ne saurait bien sûr devenir d'un coup. Elle perd de plus en plus patience face à l'activité incessante de l'enfant, son manque d'attention à l'école, ses fugues de chez la gardienne à qui il est confié de plus en plus souvent pour la soulager. Pendant l'absence de son mari parti en voyage d'affaires, elle prend toutefois la décision de le garder à la maison pour mieux le surveiller. C'est à ce moment seulement, qui coïncide avec l'absence du père putatif (il faut bien le souligner), qu'elle commence à se comporter vraiment comme une marâtre. Pour ne plus qu'il s'échappe, elle fait installer « une grille sur la fenêtre de l'enfant » et « une serrure à la porte de sa chambre[84]. » Elle transforme tout naturellement la chambre à coucher de l'enfant en cachot, sans même éprouver de remords ni de regrets à ce sujet : « Maintenant je pouvais l'enfermer dans sa cage, quand je devais sortir pour des courses. Je n'avais qu'à fermer le verrou à double tour et j'avais l'esprit absolument tranquille. Je le laissais hurler dans sa prison[85]. » Elle ne semble même pas se rendre compte du traitement inhumain qu'elle lui réserve, comme si la solution adoptée était la seule qui convenait à la situation. Mélanie Klein a rapproché ce comportement « inconscient » de la psychose qui guette toute personne mélancolique ou maniaco-dépressive, comme cela se disait à l'époque, incapable de réparer ou de restaurer l'Imago maternelle qui a été clivée entre la « bonne mère » et la « mauvaise mère ». C'est bien ce qui se passe ici. Pour regagner l'affection de son petit prisonnier, la narratrice a recours au seul stratagème qu'elle avait elle-même connu et mis en pratique avec son père lors de sa dernière incarnation : la nourriture. Elle va donc gaver l'enfant comme une oie, en espérant qu'il l'aimera en retour : « Il aimait manger. Cela tombait bien. Qui n'aimerait pas cela ? Qui résisterait à cela ? Comme il aimait la nourriture, il m'aimerait aussi un peu, moi, qui lui en donnais. Je ne savais pas en quoi consisterait l'amour autrement. C'était aussi simple, aussi facile qu'élever un chat[86]. » Pendant un court laps de temps la méthode semble fonctionner, jusqu'à ce que l'enfant, profitant d'un moment d'inattention de sa mère à qui la gardienne est venue prêter

84 *Ibid.*, p. 128.
85 *Ibid.*, p. 131.
86 *Ibid.*, p. 133.

main forte pour remettre la maison en ordre avant le retour du mari, s'enfuie pour de bon.

Au final, la narratrice ne sera jamais parvenue à devenir une « vraie mère », bonne ou mauvaise. Si elle visait à travers l'enfant une forme de « transcendance de soi[87] », concept que Silvester emprunte à un essai de Chen où elle récuse l'idée d'universel, force est d'admettre que l'opération a une fois de plus échoué. Nulle « réparation[88] », au sens que prête Klein à ce mot-concept, pour cette femme qui s'est révélée inapte à jouer son rôle maternel dans la société patriarcale : de fille ratée, elle a également raté son passage à la maternité. Mais aussi, nul renversement dans la perspective narrative, puisque la fille devenue mère ne s'affranchit pas plus de la malédiction du cycle des réincarnations qui pesait sur elle dans ses vies antérieures. De fille ingrate qu'elle était dans *L'Ingratitude*, au seuil du cycle qui l'a vu naître, elle est devenue à son tour une mère ingrate en reprochant à son enfant adoptif la même « ingratitude » qui lui avait été reprochée par son ancienne mère : « le moindre mécontentement que l'enfant manifestait envers moi [...] était à mes yeux un signe d'ingratitude[89]. » Elle ne pourra donc pas devenir le « bon objet » d'amour pour son enfant. Pour le dire cette fois en des termes qui sont plus redevables à Donald Winnicott[90], la narratrice d'*Un enfant à ma porte* n'a pas réussi à devenir une « mère suffisamment bonne » (*good enough mother*), qui laisse à son enfant la possibilité de se développer de manière autonome tout en lui prodiguant les soins attendus. Tiraillée entre incarner une mère « trop bonne » (*too good*), qui garde jalousement son enfant et l'empêche de s'affirmer contre sa volonté, et une mère « pas assez bonne » (*not good enough*), qui se montre distante et mine l'estime de soi de l'enfant, elle rate son devenir-mère. Condamnée par son « mauvais karma », en référence à la matrice bouddhique du cycle, à incarner la figure de la « mauvaise mère » en l'éloignant d'elle, elle le sera par la suite à se réincarner dans le corps d'une chatte, ce qui signifie du point de vue bouddhiste une régression dans le cycle des réincarnations.

87 Rosalind Silvester, « De l'individuel à l'universel : *Un enfant à ma porte* », *op. cit.*, p. 174.
88 *Cf.* p. 92.
89 Ying Chen, *Un enfant à ma porte*, *op. cit.*, p. 108.
90 *Cf.* l'entrée « Good-enough mother », in Andrew M. Colman, *Oxford Dictionary of Psychology*, Oxford, Oxford University Press, 2015.

L'erreur de la-mère-par-défaut aura été de croire que, de simplement nourrir l'enfant au sens strictement alimentaire du terme, l'amour qu'il lui devait viendrait automatiquement. C'est se méprendre profondément sur le sens de l'expression « mère nourricière », dans l'acception psychanalytique du terme. Avant qu'elle ne se révèle « bonne », l'imago maternelle est foncièrement ambivalente, à la fois bonne et mauvaise, comme nous le rappelle Mélanie Klein : « Je suis parvenue, dans mes deux articles précédents, à la conclusion que dans un sexe comme dans l'autre, l'abandon de la mère en tant qu'objet d'amour oral s'explique par les frustrations orales subies à cause d'elle, et que la mère qui fruste se maintient dans la vie psychique de l'enfant comme une mère que l'on craint[91]. » Or privée elle-même d'amour, la narratrice du cycle des réincarnations ne pouvait transmettre ce dont elle n'a pas joui à travers ses multiples avatars et qui est venu à lui manquer aux côtés de son mari. Elle-même gavée par un père goulu dans *Le Mangeur*, avant d'être sacrifiée par ses soins, elle ne pouvait léguer à sa progéniture de passage que ce qui pour elle, dans ses incarnations passées, a tenu place et lieu de ce lien affectif, même si ce succédané ne pouvait le restaurer, ni la réparer. Enfin, si aimer un enfant ne s'avère pas aussi simple que nourrir un chat pour s'en faire aimer, « élever un chat » (pour reprendre les termes de la narratrice) ne constitue pas plus une sinécure, ce qu'elle et son mari apprendront, lors de sa prochaine incarnation, à leurs dépens.

91 Mélanie Klein, *op. cit.*, p. 247, n. 2.

L'ÉTERNEL MARI

Chaque expression de l'enfant
Porte traces de
Celui qui n'est plus
Ying CHEN

Les deux derniers titres du cycle des réincarnations gravitent autour de la relation difficile qui lie la narratrice à son « éternel mari[1] », l'archéologue A., avec qui elle se retrouve isolée, en tête-à-tête, après le départ mystérieux de l'enfant venu de « nulle part » du roman précédent. Ayant échoué sa vie comme fille de bonne famille et mère adoptive d'un fils inespéré, elle s'apprête maintenant à vivre son échec en tant qu'épouse modèle – à la fois fidèle (en acte) et infidèle (en pensée) – d'un mari bien intentionné à son égard mais qui se révèle incapable de la suivre dans les méandres de son existence hasardeuse. Tous les rôles qu'elle aura joués dans ses nombreuses existences ainsi que les positions qu'elle aura occupées successivement au sein de la cellule familiale étaient donc destinés à faillir sans appel. C'est du moins le triste constat qui ressort d'une première lecture de ces deux romans, mais qu'une relecture plus attentive nous oblige à revoir et à nuancer.

Figure de l'éternel retour, dans ce sens où il revient toujours à la même place inamovible tout au long du cycle où il est apparu dès le premier titre, A. demeure une présence discrète, effacée, sans cesse aux côtés de son épouse, mais tenu à distance : sinon dans le temps et l'espace réels de la fiction, du moins dans l'espace-temps imaginaire où elle évolue en tant que narratrice spectrale d'une époque à l'autre de son existence plus que séculaire. Il rappelle la figure du mari témoin que Bergman a mis en scène, ou plutôt en coulisse, dans son film qui traite

1 En référence au roman éponyme de Dostoïevski.

en particulier des relations difficiles mère-fille, à savoir le très beau et troublant *Sonate d'automne* incarné par Ingrid Bergman et Liv Ullmann, qui anticipe par certains traits *L'Ingratitude* de Ying Chen. À l'instar de ce mari réservé, en retrait de l'intrigue, A. se révèle un témoin impuissant de la dérive de sa femme qui prétend avoir été réincarnée en chatte avant de revenir à sa forme première dans *Espèces*, point de départ du roman suivant où il disparaîtra à son tour dans un autre – ou n'est-ce pas plutôt le même ? – tremblement de terre déjà évoqué dans *Querelle d'un squelette avec son double*.

Les deux derniers romans du cycle reprennent l'un des motifs fondamentaux de l'œuvre de Chen, déjà repéré dans les romans précédents, mais qui ne prend que maintenant toute sa dimension poétique en se déployant à la fois sur le plan éthique et esthétique de la fiction, soit le thème récurrent de l'espèce. L'homme et la femme ne sont pas seulement séparés par la différence sexuelle, au sens classique où l'entend la psychanalyse ; ils appartiennent à deux « espèces » radicalement différentes, entendu que chez Chen l'espèce ne répond ni à la classification scientifique d'un Linné, ni à la théorie de l'évolution d'un Darwin (malgré ce que laissait entendre l'hérédité de la femme-poisson dans *Le Mangeur*), mais à une manière d'être au monde qui isole les individus les uns des autres – et plus encore la narratrice du cycle des réincarnations de tous les autres personnages de son entourage (hormis ses avatars). À ce sujet, la figure de « l'entre-deux » théorisée par Sibony se révèle de nouveau éclairante :

> Entre un homme et une femme ce n'est pas seulement la différence sexuelle, c'est l'espace de l'entre-deux où elle se déploie, et où l'un passe par l'autre, doit en passer par l'autre pour être lui-même et repasse par lui-même pour être autre que lui-même c'est-à-dire pour désirer ; ce désir tient compte de bien d'autres différences : d'époques, de générations, de rythmes, de peau, de mémoire. Il s'irrigue de ces différences mais ne se reconnaît dans aucune[2].

Cette dynamique fluctuante n'est nulle part plus manifeste qu'entre la narratrice du cycle des réincarnations qui, malgré son immobilisme, a vécu à différentes époques, de génération en génération, de sa très longue existence, et son mari bien ancré dans le temps présent, fugace et éphémère de sa généalogie, dressés l'un *contre* l'autre comme les plus intimes ennemis au sein de la cellule unifamiliale.

2 Daniel Sibony, *op. cit.*, p. 11.

C'est l'une des rares fois où je me permettrai de déroger au protocole de lecture que je me suis imposé en effectuant une petite digression du côté de la vie de l'écrivaine. Nous savons, malgré sa discrétion légendaire, que le premier mari de Ying Chen, qui fut aussi le père de ses deux enfants, est décédé dans l'intervalle qui sépare la publication du *Mangeur* de celle d'*Un enfant à ma porte*. Elle en a évoqué la disparition sur le mode allusif dans la préface de son unique recueil de poèmes publié à ce jour, *Impressions d'été*, avant de lui consacrer un des haïkus du recueil, celui-là même que j'ai choisi de mettre en exergue à ce chapitre pour en établir la tonalité. Dans son dernier essai, *La Lenteur des montagnes*, qui se laisse lire comme un testament pré-posthume légué à l'un de ses fils afin qu'il puisse comprendre un jour l'œuvre de sa mère et son tortueux cheminement dans la voie de l'écriture, elle reprend ce motif en précisant l'identité du « proche parent » disparu : « le décès subit de ton père reste un choc que je ne peux pas encore, et ne pourrai peut-être jamais, décrire[3]. » Il n'est pas question ici de confondre le mari réel de l'écrivaine avec celui de sa narratrice – d'autant que la première a eu deux enfants avec le sien alors que l'autre est restée sans progéniture, sauf pour cet enfant à peine apparu aussitôt disparu dans *Un enfant à ma porte* –, mais tout simplement de souligner le fait que cette absence effective, non symbolisable, survenue dans la vie de l'écrivaine, a néanmoins trouvé le moyen de se dire (car écrire n'est pas nécessairement décrire) à travers l'œuvre de l'auteur.

Cette parenthèse impudique, que je m'empresse de refermer par respect pour la romancière, suffit à faire comprendre pourquoi le cycle des réincarnations devait logiquement se clore sur l'image du couple fantomatique que forment la narratrice et son mari dans *Espèces*, et plus encore dans *La rive est loin*. L'intuition que j'avais eue, à savoir que ce dernier roman annoncé dès le premier titre de « l'ensemble romanesque » inauguré par *Immobile*, mais sans cesse différé d'un jalon à l'autre de l'œuvre en chantier, constituait la fin d'un cycle, s'en trouve ainsi confirmée[4]. Le changement notable intervenu dans l'œuvre de Chen depuis la parution de *Blessures*, son dernier roman publié qui met

3 Ying Chen, *La Lenteur des montagnes*, *op. cit.*, p. 96.

4 *Cf.* Gilles Dupuis, « La fin d'un cycle ? *La rive est loin* de Ying Chen », in *À la carte. Le roman québécois (2010-2015)*, Gilles Dupuis et Klaus-Dieter Ertler (dir.), Francfort, Peter Lang, 2017, p. 83-84.

en scène la figure d'un docteur célèbre inspirée du médecin canadien Norman Bethune dans une fiction racontée pour la première fois par une voix narrative hétérodiégétique, l'oriente en effet dans une tout autre direction, bien que le style de l'auteur ne varie pas en substance. On y retrouve même la figure du fantôme qui hantait le cycle des réincarnations, comme si, par ce truchement, l'auteur voulait une fois de plus raccorder ce qui s'annonce comme un nouveau cycle d'écriture à celui qui l'a précédé, de la même manière que ce dernier avait été relié à *L'Ingratitude* a posteriori. En revanche, la dimension politique et historique de *Blessures*, qui rappelle par certains côtés la trame narrative de *La Mémoire de l'eau*, renoue explicitement avec l'héritage chinois de l'écrivaine qui était resté implicite dans le cycle des réincarnations[5]. Si l'on peut soutenir qu'elle y poursuit son œuvre « transmigrante », notamment en faisant du médecin innomé dans le roman un spectre qui revient hanter les lieux de son passé, il n'en demeure pas moins qu'en tant que protagoniste il se démarque nettement de la narratrice cyclique par les nombreux détails de sa vie qui y sont rapportés et le travail précis de la mémoire qui prélude à son récit. Il rappelle davantage le personnage de Yan-Zi dans *L'Ingratitude*, qui revenait également d'outre-tombe pour hanter sa mère et continuer d'habiter l'histoire de sa vie, comme si la romancière avait éprouvé le besoin de revenir en arrière, après le cycle des réincarnations, avant de poursuivre son œuvre dans le même sens mais en renouvelant les sources de son inspiration.

UNE MÉTAMORPHOSE

Espèces est à première vue le roman le plus étonnant de Ying Chen – c'est aussi le plus copieux en nombre de pages, ce qui lui confère une certaine importance pour ne pas dire une aura particulière par rapport aux autres romans du cycle auquel il appartient. En apparence, il donne

5 Je me permets de renvoyer le lecteur à un article récent dans lequel j'analyse ce roman qui ne fait pas partie du cycle des réincarnations : « Un revenant de l'*autre* Amérique : *Blessures* de Ying Chen », in *Transculture, société et savoirs dans les Amériques*, Adina Balint et Daniel Castillo Durante (dir.), Francfort, Peter Lang, coll. « Canadiana : 19 », 2017, p. 145-157.

à fond dans le genre fantastique et semble par là échapper à toute forme de rationalisme, la narratrice s'étant métamorphosée dès l'amorce du récit en chat. Si on replace d'une part son récit singulier dans l'univers fictionnel de l'auteur, où la croyance bouddhiste en la réincarnation est devenue non seulement une source potentielle d'inspiration, mais aussi (voire surtout) un ingénieux procédé littéraire, et que l'on tient compte d'autre part du sens particulier que l'auteur attribue au mot « espèces » dans les autres romans du cycle, son intrigue apparaît sous cet éclairage comme étant tout à fait logique. Après s'être réincarnée en de multiples avatars humains tout en échouant à progresser dans le cheminement de la vie sur le plan bouddhique du perfectionnement moral, condition sine qua non pour se réincarner dans une entité plus élevée, la dernière réincarnation de la narratrice qui n'a pas réussi à devenir une « bonne mère » devait nécessairement passer par une forme de régression. À vrai dire, elle avait connu un sort semblable dans l'une de ses vies antérieures, quand elle s'était imaginée petite-fille d'une femme-poisson, mais comme cet avatar ne la concernait pas directement et qu'il renvoyait plutôt aux origines primitives de l'humanité, sa propre réincarnation en tant que femme dans *Le Mangeur* connotait tout de même une certaine évolution par rapport à son ancêtre aquatique ; bref, dans ce cas particulier, le modèle darwinien était encore respecté.

Avec *Espèces*, il en va tout autrement : c'est dans un échelon inférieur de la pyramide des espèces que se transforme abruptement la narratrice du cycle sans même devoir passer par le processus de la réincarnation, puisqu'elle ne meurt ni ne renaît par rapport à sa dernière incarnation dans *Un enfant à ma porte*. Il serait peut-être tentant de voir dans la métamorphose une allégorie de la mort suivie d'une renaissance symbolique, mais le caractère « normal » de cette transformation dans le roman, malgré le recours au surnaturel, interdit une telle interprétation par trop spirituelle. Si *Le Mangeur* faisait signe à la théorie de l'évolution selon Darwin, c'est plutôt à celle de la « génération spontanée », d'Aristote à Lamarck, que fait songer *Espèces*. C'est en effet spontanément que la narratrice se trouve métamorphosée à l'orée de son récit en chatte avant de retrouver, tout aussi naturellement à la fin du roman, sa forme première :

> Enfin, je me suis découvert un refuge qui convient mieux à ma nouvelle forme que je trouve plus gracieuse, plus souple, moins fragile et, pour une fois, plus

> volumineuse grâce à une abondance de poils gris noirs. Je suis aussi contente de ma couleur, assez neutre, pas trop visible.
>
> C'était une naissance, un pur hasard. Je n'ai rien eu à faire, pas eu l'occasion de choisir. Mais on ne choisit jamais rien. On reçoit et on assume, tout en ayant l'impression de choisir, de vouloir. Et me voilà revêtue d'une élégance discrète et pourtant nue[6].

Bien qu'il s'agisse d'une métamorphose subite, le fait qu'elle soit subie justement et non choisie, à l'instar des autres réincarnations de la narratrice à travers ses nombreux avatars, l'apparente à son tour au phénomène de la métempsychose. Encore faut-il préciser que si la transformation est spontanée, elle n'est pas pour autant achevée. Avant même qu'elle ne se révèle temporaire, puisque la narratrice recouvrera sa forme première à la fin du récit, la métamorphose s'avère en soi incomplète. Comme le note à juste titre la critique Valérie Françoise Hastings, qui propose par ailleurs une analyse derridienne du roman qui me paraît quelque peu problématique dans la mesure où elle ne tient pas compte de la place qu'occupe *Espèces* dans le cycle des réincarnations, « la porosité des frontières entre les espèces[7] » perdure. Sous sa nouvelle forme, la narratrice en a d'ailleurs conscience : « je vis à l'intérieur de moi la lutte des deux espèces[8] ». Elle rêve au jour où elle sera complètement transformée, corps et âme, en « vraie chatte[9] » afin d'oublier les souvenirs embêtants de son existence passée : « Je ne peux pourtant pas complètement changer du jour au lendemain. Mon cerveau quoique réduit, ma tête perdant une moitié de son volume, porte encore la mémoire de ma vie antérieure. Cela complique énormément les choses[10]. » C'est de son lourd passé qu'elle espère se libérer, or ce dernier continue de la hanter malgré sa métamorphose salutaire. À rebours de la théorie de

---

6 Ying Chen, *Espèces*, Montréal, Boréal, 2010, p. 7-8. – Dans son étude sur la « série fantôme » de Ying Chen, Ziyan Yang rapproche cette transformation subite du « fameux récit de Zhuangzi relatant un songe dans lequel il se transforme en papillon » (*op. cit.*, p. 346). Si ce rapprochement éclaire une autre source chinoise potentielle de l'œuvre de Chen, il faut noter que la transformation de la narratrice dans *Espèces* est bien réelle, qu'elle opère même deux fois plutôt qu'une dans son récit.

7 Valérie Françoise Hastings, « Espèces de glissements. Métamorphose et porosité de la frontière entre l'homme et l'animal dans *Espèces* de Ying Chen », *Nouvelles Études Francophones*, vol. 31, nº 2, automne 2016, p. 67.

8 Ying Chen, *Espèces*, *op. cit.*, p. 38.

9 *Ibid.*

10 *Ibid.*, p. 53.

l'évolution, elle recherche plutôt une forme d'involution psychique qu'elle ne pourra pas plus réaliser qu'elle n'est parvenue à évoluer sur le plan moral ou spirituel d'une incarnation à l'autre de ses nombreuses vies : « Consciente de ma dégradation sur l'échelle de l'évolution, j'entends les morts dans la cave m'appeler du fond de leur éternité[11]. » Je reviendrai dans la prochaine section de ce chapitre sur le motif du « caveau », déjà signalé dans *Querelle d'un squelette avec son double* puis réitéré dans *Espèces*, car c'est dans le dernier roman du cycle qu'il trouve à la fois son point d'aboutissement et sa pleine signification sur le plan symbolique. Il convient pour le moment de scruter la signification de ce nouvel avatar dans la suite des réincarnations de la narratrice.

Le choix du chat comme animal totémique de sa transformation pourrait constituer une référence voilée au mythe égyptien des multiples vies du félin, dont elle ne serait alors qu'une des réincarnations passagères vouée à la mort. Quoi qu'il en soit de cette interprétation, c'est par son truchement que le chaînon manquant dans l'évolution (ou plutôt l'involution) de la narratrice s'effectue. Sur le plan littéraire, l'introduction de cet artifice dans la narration fait penser aussi bien aux *Métamorphoses* d'Ovide qu'à *La Métamorphose* de Kafka, si ce n'est d'un détail mais qui reste de taille : dans ces récits, comme par ailleurs dans le récit canonique de réincarnation, la transformation de l'être humain dans une forme animale, inférieure, est perçue comme dégradante ; elle résulte d'un châtiment pour un crime commis, connu ou inconnu, ou pour une pensée coupable, consciente ou inconsciente. En termes bouddhiques, c'est la voie régressive par laquelle il faut nécessairement passer afin d'expier les fautes commises dans une vie antérieure. Si la narratrice dans *Espèces* connaît à son tour une forme semblable de régression, en accord avec la vision bouddhiste de l'existence terrestre, force est de reconnaître qu'elle est largement dédommagée de cet « inconvénient » – d'être née ou plutôt réincarnée en chat – en se trouvant dotée d'attributs non négligeables qui compensent son « manque à être » :

> L'avantage de ma transformation est donc évident. Je suis devenue presque muette, pas du tout audiovisuelle. L'humanité est encore supportable pour nous les chats, parce que nous ne l'écoutons plus, nous la regardons à peine.

11 *Ibid.*, p. 179.

> A. ne peut plus me parler, ni me reprocher de me désintéresser de lui parce que je n'aime pas les paroles, aucune parole, pas seulement les siennes[12].

Celle qui ne parlait déjà pas beaucoup dans ses vies antérieures est maintenant dispensée tout à fait de la parole. N'ayant plus à engager le dialogue avec son mari, elle n'est plus obligée non plus de l'écouter. Bref, elle n'a plus à supporter la « condition humaine », ce contrat tacite qui lie deux individus qui cohabitent dans le même espace. De toutes ses incarnations – passées, présentes et futures –, c'est la forme terrestre d'existence qui lui aura procuré le plus de bonheur, ou à tout le moins de liberté, bien que cet état de félicité dans le monde de l'impermanence ne pouvait être qu'éphémère. Car il s'agit bien, une fois de plus, de souligner le caractère éphémère et transitoire de toute forme de vie incarnée.

Grâce à sa transformation enviable, la narratrice peut toutefois renouer pendant le temps qui lui est imparti (c'est-à-dire le temps du récit) avec le théâtre des plaisirs qu'elle avait connu en tant que courtisane lors de sa plus vieille incarnation dont elle avait conservé le souvenir dans *Immobile.* En se réincarnant littéralement dans une autre espèce, elle peut se permettre aussi de recourir au « nous », comme en témoigne le passage cité plus haut, pronom dont elle s'était interdit catégoriquement l'utilisation au moment de la querelle fantôme avec son double : « Non merci, pas de "nous". L'invention de ce pronom est une erreur ou une ruse. Il n'y a que le "je" et les autres[13]. » Refusant de faire corps avec sa sœur jumelle, à l'inverse des frères jumeaux mis en scène par Agota Kristof dans *Le grand cahier*, elle avait alors décrété : « Le pronom "nous" est la chose la plus circonstancielle, la plus suspecte qui soit, je l'ai dit. Le plus grand mensonge, la plus idiote illusion[14]. » Par conséquent, elle pouvait faire la sourde oreille aux appels réitérés de sa « sœur » : *« Vous ne me répondez pas, ma chère sœur. Vous ne détestez pas trop que je vous appelle ainsi ? Vous tâchez de m'ignorer*[15]. » Faut-il en déduire qu'en utilisant maintenant sans vergogne le « nous », la narratrice amnésique ne fait que succomber à l'illusion qu'elle avait jadis dénoncée ? Cette explication paraît somme toute peu probable. Il semble plus plausible d'avancer qu'en se réincarnant temporairement dans une forme qui lui

---

12 *Ibid.*, p. 9.
13 Ying Chen, *Querelle d'un squelette avec son double*, *op. cit.*, p. 56.
14 *Ibid.*, p. 67.
15 *Ibid.*, p. 14.

sied davantage que sa forme originelle, elle peut jouir pour la première fois de sa vie d'appartenir à une communauté qui lui ressemble : de corps et d'esprit. Quoique temporaire, cet état lui offrira tout le loisir de vivre pleinement sa nouvelle vie au temps présent de l'existence. C'est sans doute pourquoi ce récit particulier dans le cycle des réincarnations se déroule essentiellement au présent, sans retour en arrière dans un lointain passé mémoriel, sauf pour quelques allusions discrètes à la vie récente du couple[16], ni projection vers un futur incertain, à part les références plus appuyées au métier du mari archéologue qui préparent et anticipent tout à la fois le dénouement du cycle. *Espèces* est donc le seul roman du cycle où, grâce à son avatar animalier, la narratrice peut vivre pleinement le plaisir d'exister au moment présent de son existence. Encore faut-il insister sur le fait singulier que ce bonheur passager ne pouvait se réaliser qu'en changeant de forme voire radicalement d'espèce.

Pour étoffer l'intrigue de son roman, qui aurait pu se réduire aux escapades nocturnes d'une chatte domestique qui vit une double vie de chat errant, Chen a imaginé une trame policière qui vient se greffer à la trame principale du récit. Contrairement au père dans *Le Mangeur*, qui ne veut pas que sa relation contre-nature avec sa fille s'ébruite dans le quartier, le mari se sent obligé de rapporter la disparition de sa femme aux autorités, ce qui entraîne inévitablement la visite d'un inspecteur de police à son domicile, puis une enquête en règle qui fait rapidement peser les soupçons sur lui. Il devient en effet le principal suspect dans la disparition mystérieuse de sa conjointe, ce qui ne manque pas d'apporter du piquant à l'histoire racontée puisque cette dernière n'a jamais vraiment quitté son domicile, sauf pour ses incartades passagères, et qu'elle revient toujours aux côtés de son maître comme le ferait toute « chatte civilisée[17] ». Non seulement se contente-t-elle sous sa forme altérée de s'amuser innocemment avec ses compagnons de fortune, mais eût-elle choisi de s'unir à l'un d'eux qu'elle n'aurait pas été plus coupable d'infidélité puisqu'elle appartient – provisoirement il est vrai – à une espèce qui n'a plus rien à voir avec celle de son mari. C'est donc la métamorphose elle-même,

16 « Et je pense à l'enfant qui a vécu brièvement chez nous, que je n'ai pas su garder, que j'ai perdu par ma faute, et dont le sort m'inquiète toujours. » Ying Chen, *Espèces*, *op. cit.*, p. 148.

17 *Ibid.*, p. 33.

soit une variante bouddhique de la métempsychose, qui constitue dans ce roman le motif de l'infidélité. L'adultère n'a pas été commis, certes, mais le lien entre le mari et la femme a bien été *adultéré*, ce qui revient presqu'au même aux yeux de la narratrice qui se sait d'avance coupable de désaimer son mari.

Ce n'est pas la première fois que Ying Chen explore les possibilités du genre policier. Dans *Le Mangeur*, la disparition d'une voisine de l'avatar de la narratrice avait fait peser des soupçons (cette fois tout à fait légitimes) sur le père, puis sur elle-même dans sa vie en apparence rangée aux côtés de son mari. L'enquête policière servait alors, à travers la figure dédoublée du père et du peintre, à relier le récit contemporain au récit ancien, mais elle ne constituait pas en soi une péripétie narrative. En revanche, à même la trame narrative d'*Espèces*, Chen a trouvé le prétexte idéal pour faire de l'intrigue policière sinon le moteur du récit, du moins l'une de ses péripéties secondaires, qui s'offre à lire comme un divertissement supplémentaire à la fable qui nous est servie. L'intrigue policière lui a aussi permis, en mariant les deux trames narratives – la disparition momentanée de la narratrice et l'enquête qui s'en est suivie –, d'étoffer son roman, ce qui explique que ce dernier soit plus volumineux que les autres rejetons du cycle. Sans cet artifice, qui s'inscrit néanmoins dans la logique du récit, l'histoire stricto sensu de la métamorphose de la narratrice n'aurait pas pris plus de place dans le roman que celle de ses autres avatars dans les romans antérieurs. L'impression au final qui se dégage à la lecture du roman, c'est qu'en octroyant une liberté plus grande à sa narratrice qui lui sert de truchement, l'écrivaine s'est aussi accordé un certain répit dans l'écriture éprouvante du cycle des réincarnations, avant de reprendre le fil interrompu mais inéluctable du récit dicté par le destin de sa créature.

Cela étant, le parallélisme, qui demeure une constante dans l'œuvre transmigrante de Chen, ne concerne pas tant ces deux intrigues qui dépendent l'une de l'autre, que les deux aventures concomitantes mais irréconciliables que vit en alternance la narratrice : l'une qui a trait à l'existence qu'une fois métamorphosée elle continue de partager au quotidien avec son mari qui, bien qu'il ne la reconnaît pas sous cette apparence trompeuse, la recueille dans sa maison et accepte de la nourrir (à l'instar de l'enfant trouvé et perdu dans le roman précédent) ; et l'autre, qui concerne ses escapades nocturnes en compagnie des individus de son espèce, « des chats castrés et des chattes stérilisées[18] » dont elle partagera bientôt le sort peu enviable. Il n'y a plus ici de temporalités éloignées comme dans les romans précédents, ni même d'espaces distincts plus ou moins rapprochés, la femme ne quittant jamais sous sa forme féline un rayon familier tracé autour de l'espace domestique. S'il y a trahison ou infidélité de sa part, c'est l'acte même de la transformation qui en constitue le mobile. En se métamorphosant comme par magie dès l'amorce du récit, la narratrice-chatte « trompe » son mari en s'accordant une liberté de mouvement sans surveillance, tout en établissant une frontière très nette entre elle et lui, lors même qu'elle dort à ses côtés : procédé plus efficace que l'épée que Tristan plaçait chaque nuit entre lui et Iseut pour ne pas succomber à la tentation... Elle lui reste toutefois fidèle en pensée et en acte pendant ses vagabondages avec les autres chats du quartier, dont elle refuse les avances, comme l'atteste le passage suivant :

> Je suis courtisée par des chats errants venant de loin, les vrais sauvages de notre espèce, qui suscitent la haine dans la population de chats corrompus de notre quartier, et qui m'inspirent du dégoût par l'odeur d'ordures émanant de leur poil. Quelques jeunes indociles dans le voisinage me lancent aussi des appels quand leur maître est absent, comme si je m'intéressais à des bébés. De surcroît, il y a des vieux depuis longtemps asexués qui s'approchent de moi avec une intention ambiguë, sous le regard tolérant de leur protecteur qui ne daigne plus leur imposer de discipline à cet égard[19].

Grâce au subterfuge de la transformation féline, la narratrice peut être assimilée sans scrupule dans ce passage à une péripatéticienne qui suscite la concupiscence des mecs, blancs-becs et vieux pervers, tous ces chats de gouttière et gros matous qui correspondent dans l'imagination populaire aux macs et souteneurs qui exploitent les travailleuses du sexe. Or, je l'ai souligné, la narratrice ne se laisse pas courtiser par ses amants d'une nuit et reste résolument fidèle à son « maître » : « Comment succomber à tout cela, alors qu'on mène une vie décente dans un foyer propre, que je suis redevable à mon maître, avec qui je m'entends mieux que jamais, et que, ayant cessé d'être son égale, je suis de moins en moins sûre de ne pas l'aimer[20] ? » Si la narratrice n'avait pas été transformée

18 *Ibid.*, p. 185.
19 *Ibid.*, p. 164-165.
20 *Ibid.*, p. 165.

en chatte, cet aveu aurait été très problématique d'un point de vue féministe, tout comme cet autre passage plus aggravant qui rappelle le titre d'une célèbre chanson française : « Je m'approche des souliers, je les lèche soigneusement, du dedans au dehors. Je me noie dans l'odeur du cuir et de la sueur de mon homme[21]. » Il faut toutefois garder à l'esprit que c'est une bête domestique qui s'exprime dans ces pages, non plus la femme qu'elle était naguère, malgré « la porosité des frontières[22] ». Encore parvient-elle sous cette forme à venger son état de soumission envers son maître « actuel », tout en restant fidèle à son « ancien » mari :

> Enfin j'arrive à accepter mes repas sans rougir, à exploiter mon maître sans honte, à le maltraiter en le faisant travailler, payer, cuisiner et nettoyer pour moi, tout comme au lit parfois je mordais A. jusqu'au sang, ce qu'il ne détestait pas. Dans cette danse du couple, dans cette bataille parfois vraie, il n'y a jamais de contrôle de la part de l'un ou de l'autre, chacun est à la merci d'un rythme qui l'emporte, ce rythme étant le vrai maître[23].

Or si la narratrice demeure une épouse fidèle, lors même qu'elle revêt une apparence qui ne commande plus la constance, on ne peut pas en dire autant du mari… En l'absence prolongée de sa femme, ce dernier se met à fréquenter une amie avec qui il noue une relation passagère et dont elle sera le témoin privilégié. Ironie du sort, c'est cette copine de passage qui se révèle jalouse de son épouse, en trouvant une photo d'elle chez son « amant », tandis que l'animal qu'est devenue la narratrice se réjouit que son mari puisse se divertir en compagnie de sa nouvelle conquête pendant son absence (que cette dernière soit momentanée ou définitive). Elle n'oublie pas pour autant le différend qui l'opposait à son conjoint avant sa transformation, lequel pourrait bien constituer la raison profonde qui l'a amenée en dépit d'elle-même à épouser sa nouvelle forme : « Nous n'étions égaux que dans la haine[24]. » Avouant n'avoir jamais voulu se marier, elle en vient à préférer que ce soit lui qui

---

21 *Ibid.*, p. 150.

22 Valérie Françoise Hastings, « Espèces de glissements. Métamorphose et porosité de la frontière entre l'homme et l'animal dans *Espèces* de Ying Chen », *op. cit.*, p. 67.

23 Ying Chen, *Espèces*, *op. cit.*, p. 152-153. – Incidemment, ce rapport de force renversé, qui rappelle la dialectique du maître et de l'esclave chez Hegel, avait déjà été mis en scène dans *Immobile* au moment où l'avatar de la narratrice se soumettait volontairement à son serviteur : « Avec le temps, nos rôles s'étaient inversés. Mon esclave était devenu mon maître. » Ying Chen, *Immobile*, *op. cit.*, p. 68.

24 Ying Chen, *Espèces*, *op. cit.*, p. 159.

la quitte plutôt qu'elle, ce qui explique son manque de jalousie à son égard quand il vivra son aventure éphémère avec l'autre : « Je veux que A. soit libre de moi, je veux disparaître de cette maison, je n'ai jamais voulu être l'épouse de qui que ce soit[25]. » La métamorphose dans une espèce radicalement différente de l'espèce humaine lui aura permis, pendant le laps de temps qui lui était consenti, de réaliser en partie ce vœu demeuré secret.

Comme dans les romans précédents, en commençant par *Immobile* qui a donné le coup d'envoi au cycle des réincarnations, l'arbre généalogique du mari reste le motif principal du différend qui s'est dressé entre elle et lui. Exclue d'office de sa généalogie patrilinéaire, la narratrice du cycle des réincarnations a été contrainte de s'inventer au fil de ses réincarnations une généalogie propre à elle, une lignée principalement matrilinéaire, certes, mais qui a transité aussi du côté du père, comme l'exemple du *Mangeur* l'a démontré. Après la perte de l'enfant qui aurait pu la réconcilier avec son époux, elle découvre par chance une branche inédite dans la filiation qui se révèle tout à fait conforme à sa nature sauvage et indépendante : se réincarner dans un animal domestique afin de s'assurer que tout en continuant à vivre auprès de son « maître », elle puisse être de nouveau l'objet de ses attentions (à travers la nourriture et quelques caresses distraites), tout en conservant ses distances face à lui.

> Avec A., je peux maintenant pratiquer l'attachement dans la séparation, croire à l'absolu dans l'incertitude, avoir confiance en un merveilleux avenir en consumant sans merci les instants présents. *Nous sommes enfin devenus contemporains*. Je peux maintenant relier tout cela que mon intelligence d'antan n'arrivait point à assembler[26].

En devenant enfin contemporaine de son mari, ce qu'elle n'avait jamais pu réaliser par le passé à cause de ses avatars humains, elle n'est plus tentée de se réfugier dans la mémoire de ses vies antérieures, ni de fuir vers un futur incertain qui point à l'horizon. Elle peut enfin vivre au présent à ses côtés, endurer avec lui « les vicissitudes du temps et de l'espace ». Pour la première fois de son existence, elle peut même embrasser l'avenir avec optimisme sans savoir ce que ce dernier lui réserve. Cette transformation surnaturelle s'avérait donc nécessaire pour

---

25 *Ibid.*, p. 57.
26 *Ibid.*, p. 76. Je souligne.

préserver l'unité du couple au sein du malentendu, comme l'atteste ce passage éloquent qui résume bien la situation absurde dans laquelle se sont retrouvés mari et femme au gré de leur aventure commune :

> A. et moi nous regrettons de nous être mariés, d'avoir voulu une forme, d'avoir accompli ce rituel déjà ancien et privé de sens dans le contexte présent, un geste cérémonial et capricieux. Nous l'avons fait sans trop réfléchir, comme un chat qui, sortant du désert et devenant domestique, continue à chasser des souris même quand il n'en a plus besoin ni terriblement envie.
>
> Nous trouvions tout aussi inutile de divorcer, puisque nous ne comptions guère nous remarier, et nous n'avions pas à souligner ce mariage, cette frivolité, à reconnaître davantage l'échec de notre relation, par un divorce. Nous nous disions qu'il y aurait peut-être un miracle, ou un accident, quelque chose venu de l'extérieur, d'en deça de nous, et de violemment radical, qui nous secourrait, nous tirerait de notre situation.
>
> Il a fallu donc que je me transforme[27].

Le miracle de la réconciliation ne s'étant pas produit, la narratrice n'avait pas d'autre choix que de muter d'espèce, à défaut de nature, ce que souligne non seulement la fin de l'extrait cité, mais aussi la comparaison de la décision irréfléchie du mariage avec la nature profonde du chat qui ne change pas dans le passage de la vie sauvage à la vie domestique. Dans ce sens également, la transformation féline se révèle pour le moins ironique.

La fatalité de la condition de la narratrice, dictée par les circonstances, s'inscrit donc dans la logique du récit de réincarnation, tout en rapprochant *Espèces* de l'univers du réalisme magique ou merveilleux qui ne relève pas à proprement parler du genre fantastique. Tout paraît en effet naturel, normal, voire familier dans ce récit en apparence seulement surnaturel ou paranormal. Le vrai miracle aurait été de pouvoir sauver le mariage de son naufrage annoncé ; la transformation « miraculeuse » en chatte n'est que la conséquence logique du naufrage déjà amorcé, dont elle peut différer pour un temps encore l'inévitable conclusion, mais non le conjurer. Sous sa nouvelle forme enchantée, la narratrice pressent néanmoins que sa fin approche : « Me sachant rendue presque au terme de mon chemin, à la fin de mes demi-vies, je me félicite de me trouver entre de bonnes mains pour bien finir[28]. » Elle garde une conscience aiguë d'avoir échoué dans ses « vies antérieures, les ayant ratées l'une

27 *Ibid.*, p. 130.
28 *Ibid.*, p. 68.

après l'autre[29]. » Comme pour mettre un terme définitif à toute velléité de reproduction de sa part, son mari devenu le maître absolu de son destin a décidé de la faire stériliser. Elle ne s'oppose pas à l'intervention chirurgicale, qu'elle accueille au contraire avec stoïcisme, si ce n'est avec soulagement : « Désormais tout espoir d'une durée au-delà de moi, toute tentative de survivre à ma mort grâce à une descendance est rejeté de mon corps[30]. » Celle qui s'était avérée inapte à la reproduction puis à jouer le rôle de mère adoptive devait fatalement en arriver là : « Alors, je viens de rompre avec l'espèce des chats en reniant mon devoir de mettre des chatons au monde[31]. » Banale en ce qui concerne une simple chatte (si ce n'est que l'animal échappe ainsi à son instinct phylogénétique), l'opération irréversible laisse entendre qu'une fois sa forme première retrouvée, la narratrice sera désormais tout à fait – et pour toujours – infertile. Elle n'aura plus le choix alors que de vieillir aux côtés de son mari, comme deux squelettes dans un placard, sans amour ni espoir de continuité. Le roman de filiation, ou plutôt l'illusion qui en tient lieu, se dissipe irrémédiablement vers la fin du cycle qui approche à grands pas feutrés.

Cependant le récit félin nous réserve encore quelques éléments de surprise. L'enquête policière progressant en défaveur de A., soupçonné d'avoir tué sa femme, la narratrice comprend qu'elle doit recouvrer sa forme originale afin de lui éviter des ennuis : « Je me rends compte que ma disparition lui cause beaucoup plus d'inconvénients que d'avantages, que le fait de s'être libéré de moi ne l'aide pas à respirer mieux. Il est nécessaire, il est même urgent que je retrouve ma forme antérieure[32]. » Elle aurait sans doute préféré persévérer sous sa nouvelle forme qui lui sied davantage, mais elle choisit, afin de préserver l'honneur de son mari, de ne plus être égoïste, ni narcissique, comme cela lui avait été reproché par son double dans une autre vie. Pour ce faire, elle aura recours à un puissant allié. Elle a en effet compris que le secret de sa transformation résidait dans le temps : c'est à travers lui qu'elle s'est réincarnée, et c'est aussi le temps de la réincarnation qui lui permet de survivre entre deux époques éloignées et deux espaces incompatibles. Elle va donc mettre ce facteur à profit pour passer une fois de plus d'un état à l'autre de ses existences :

29 *Ibid.*, p. 69.
30 *Ibid.*, p. 170.
31 *Ibid.*
32 *Ibid.*, p. 206-207.

> La nuit dernière était sans lune. J'ai couru à toute vitesse dans la ville, passant d'une ruelle à l'autre. Je sais que je me transforme dans le temps. Quand enfin j'ai ralenti le pas, je me suis trouvée en train de me promener nue, en pleine rue. Heureusement les fenêtres étaient fermées, tout le monde dormait[33].

Comme par magie, encore une fois, la femme peut rependre sa place auprès de son mari, dans sa forme normale, comme si de rien n'était : « Je finis par me rendormir dans mon fauteuil, assommée par la soudaine perspective d'une vie sans simplicité et cependant monotone dans laquelle j'entre à nouveau[34]. » Il faut noter que ce roman se termine comme il commence, ce qui lui confère une structure cyclique à l'image du roman précédent, mais aussi du cycle dans son entier.

Avant de reprendre sa forme première et sa place assignée dans l'ordre du monde, la narratrice reçoit tout de même une vision prémonitoire de ce qui les attend, elle et son mari, dans le roman à venir et qui sera le dernier maillon dans la chaîne des réincarnations dont *Espèces* constitue en quelque sorte le chaînon manquant. Cette épiphanie ou ce satori zen, qui a valeur après-coup d'indice, se produit au moment où la copine passagère de son mari lui fait une scène mémorable en apercevant sur un mur la photo de sa rivale qui supplante la sienne, photo qu'elle réduit en lambeaux après avoir brisé tous les autres cadres. Témoin insoupçonné de la scène sous son apparence féline, la narratrice laisse alors échapper cette pensée énigmatique : « Je reverrai cette scène longtemps après, à la veille de la mort de A., lorsque notre maison aura été secouée pendant que la terre tremblera, lorsque tout ce qui est accroché aux murs se retrouvera par terre[35]. » Comme la voyante dans *Immobile* qui lui avait prédit son avenir sans qu'elle comprenne alors le sens exact de ses paroles, la narratrice partiellement amnésique et aux idées confuses est tout à coup douée du don de la clairvoyance, prédisant cette fois sans se tromper ce qui adviendra d'elle et de son mari dans le roman suivant. Ce qui est vrai pour la narratrice l'est encore plus au regard de l'auteur qui se profile derrière sa créature. Pour la romancière, en effet, cette fin anticipée du cycle des réincarnations et différée tout au long de sa conception est maintenant à portée d'écriture.

---

33 *Ibid.*, p. 209.
34 *Ibid.*, p. 211.
35 *Ibid.*, p. 201.

VERS LA RENAISSANCE

La rive est loin commence in situ, en renouant le fil de la narration qui avait été rompu à la fin d'*Espèces*. La narratrice, qui s'était réincarnée temporairement dans le corps d'un animal domestique – existence éphémère dont elle gardera néanmoins le souvenir tout au long du roman –, a retrouvé sa forme première et poursuit, l'air de rien, sa vie de couple problématique avec son mari dans leur maison qui reste « malgré tout [s]on seul abri véritable[36]. » Elle y retrouve sa rue familière, où elle avait connu « l'isolement sans persécution[37] », et ses veilles habitudes. Pourtant quelque chose a changé en elle, provoqué peut-être par sa récente métamorphose, plus vraisemblablement par cette trop longue existence monotone vécue aux côtés de son mari dans un quartier qui lui semble maintenant hostile. À vrai dire, cette hostilité s'était manifestée auparavant, à travers la querelle qui s'était mise à sourdre entre la narratrice et son double dans sa propre demeure, puis qui s'était aggravée au moment où elle avait adopté provisoirement son enfant. Mais désormais le climat hostile s'étend à la ville tout entière. Face à elle, la narratrice a bien l'intention d'en découdre avec son entourage : « Cette ville arrogante et égoïste, pour la première fois j'ai entrevue sa faillite, qui est aussi la mienne en quelque sorte. J'en finirai avec cette ville étrangère, avec ses habitants[38]. » Elle entrevoit également la fin de son interminable récit, annoncée à la fin du roman précédent puis réaffirmée dès le premier chapitre de celuici : « Mon sentiment envers A. est changé. Je le regarde avec tristesse, sachant que, même si j'étais morte avant lui, sans doute bien avant sa naissance, je serais le témoin de sa fin, j'assisterais à sa chute brutale[39]. » C'est bien ce qui va se nouer et se dénouer dans le dernier roman du cycle des réincarnations, mais peut-être pas exactement de la manière dont la narratrice semble le prévoir dans ce passage à saveur prophétique.

Avant de voir comment se réalisera sa prophétie, il faut relever un autre indice dans ce premier chapitre qui annonce le nouvelle forme qu'affecte

36 Ying Chen, *La rive est loin*, Montréal, Boréal, 2013, p. 7.
37 *Ibid.*
38 *Ibid.*, p. 9.
39 *Ibid.*

l'alternance des voix narratives dans le roman par rapport à ceux qui le précèdent : « C'est presque un miracle que *mon squelette* ait pu côtoyer pendant tant d'années *la vraie chair* de A[40]. » L'allusion au squelette pour désigner le corps diaphane de la femme rappelle bien évidemment le roman antérieur de Chen, *Querelle d'un squelette avec son double*, et de manière plus générale la condition existentielle de sa narratrice réitérée tout au long du cycle des réincarnations ; par contre, l'insistance sur le corps, en chair et en os, du mari le prédispose à prendre à son tour la parole en devenant pour la première fois un narrateur à part entière dans le cycle où il apparaissait jusque-là comme une figure secondaire du récit dont les propos n'étaient rapportés qu'en style indirect libre, à travers le regard de sa femme. Faisant son entrée en scène à ce titre dès le deuxième chapitre du roman, sa voix incarnée alternera par la suite avec celle de son épouse pour conduire le récit parallèle de leur existence commune jusqu'à sa fin programmée. Ce dispositif, déjà exploité sous une forme plus abstraite voire désincarnée dans *Querelle d'un squelette avec son double*, en confiant à la figure évanescente du double les passages mis en italique dans le texte, acquiert ici une dimension concrète par le truchement de la voix « raisonnable » du mari, incarnant le bon sens ou le sens commun, face à la voix « déraisonnable » voire *déraisonnante* de sa conjointe, toutes deux transcrites en caractères romains, ce qui les place d'emblée sur un pied d'égalité ou du moins au même plan de la réalité (ou de la fiction).

Outre sa structure, le rythme du roman est entièrement scandé par l'opposition irréductible entre mari et femme qui se reflète dans la stricte alternance des voix narratives. Faisant référence à sa vie passée avec son épouse, c'est ainsi que le mari note dès sa première prise de parole dans le texte : « Je suis un scientifique, moi. Je ne suis pas un rêveur. Rien ne peut exister sans mesure et sans cadre. Le problème de ma femme tient justement à cela. Rien n'a ni mesure ni cadre dans sa tête. Alors elle est morte[41]. » Le fait même, aux yeux du mari pondéré, que sa femme ne reconnaisse pas les catégories transcendantales du temps et de l'espace signifie qu'elle est pour ainsi dire « déjà morte », c'est-à-dire selon son point de vue cartésien ou kantien, absente au monde qui l'entoure. En soi ce constat n'est pas faux, il est même confirmé par la narratrice ;

40 *Ibid.*, p. 7. Je souligne.
41 *Ibid.*, p. 16.

seulement, elle lui oppose une autre conception du monde qui pour elle relève d'une constatation tout aussi valide, à savoir qu'elle vit ou plutôt *survit* dans une autre dimension du temps et de l'espace, une dimension à la lettre métaphysique à laquelle son mari n'a pas accès : « En tant que squelette, mieux que toute autre femme, je faisais partie du tableau qu'il cherchait à composer avec des chiffres et des données sérieuses, tableau nécessitant un regard éloigné de la vie courante, un regard portant sur ce qu'il a lui-même de la difficulté à saisir[42]. » Ce passage rappelle bien évidemment cet autre dans *Espèces*, où la narratrice se voyait comme faisant partie de la collection archéologique de son mari. Le malentendu ne peut être plus grand, non tant entre les sexes – bien que le mari tende à le réduire à cette dimension[43] –, qu'entre l'homme de raison et son fantôme, l'esprit rationnel et son ombre qui lui échappe : « Il semble que, en épousant cette femme, j'aie introduit un fantôme chez moi[44]. » C'est pourtant ce que cette dernière s'était évertuée à lui répéter tout au long du cycle ; or il avait choisi, quant à lui, de faire la sourde oreille. Il est bien obligé maintenant d'entendre sa vérité à elle, comme elle a été contrainte jadis d'entendre celle de son double, d'autant que c'est elle qui aura le dernier mot de leur histoire.

Rétrospectivement, l'ultime roman du cycle rappelle en condensé, à travers les souvenirs du mari qui se livre à son tour à un travail d'anamnèse, toutes les existences passées de sa femme fantomatique. En archéologue soucieux de la datation des événements, il les passe en revue dans le bon ordre chronologique, tout en marquant, par le recours au conditionnel, ses réserves quant à la nature véritable des supposées réincarnations de son épouse : « Elle aurait eu pour mari un prince vivant dans un palais, elle aurait eu un amoureux dans un champ de maïs, une sœur morte dans la ville voisine, un père poisson[45]. » Par contre, la présence fugace de l'enfant dans la vie du couple est évoquée au présent et à titre personnel cette fois, ce qui lui confère une dimension bien réelle dans le récit : « Mais où ai-je bien pu le perdre, cet enfant[46] ? » Rappelons que le départ de l'enfant dans le roman qui lui est consacré s'est fait avant le retour du mari parti en voyage d'affaires,

42 *Ibid.*, p. 19-20.
43 « Nous sommes séparés pour l'éternité par notre sexe. » *Ibid.*, p. 51.
44 *Ibid.*, p. 49.
45 *Ibid.*, p. 50.
46 *Ibid.*, p. 95.

bien que ce dernier semble maintenant s'imputer la responsabilité de sa disparition qu'il avait d'abord attribuée à sa femme. Contre toute attente, à l'encontre même de la logique qui gouverne sa vie, il en vient à admettre la possibilité que sa femme ait pu se métamorphoser en chat dans le roman précédent : « Je savais que ma femme vivait encore dans ma maison, mais par moments je la voyais s'évader dans un monde futur, transformée en homme ou ressuscitée en chat, où elle se ferait persécuter[47]. » La disparition de l'enfant semble avoir ébranlé ses convictions scientifiques, à moins d'en déduire que lui-même malade (ce qui est effectivement le cas puisqu'il se meurt d'un cancer au cerveau), il commence à délirer. Pamela Sing a également relevé cette « anomalie » dans son étude consacrée au dernier roman du cycle : « En raison de sa maladie, A. abandonne peu à peu son rôle d'intellectuel. Il ne croit plus pouvoir tout expliquer et délaisse ses péroraisons scientifiques pleines de certitudes "objectives"[48]. » La maladie incurable du mari constitue en effet le nœud de l'intrigue du roman, qui gravite autour de sa lente agonie et du conflit qui opposera sa femme à la famille par alliance dans ses derniers moments de vie. Ce passage laisse également entrevoir une autre réincarnation potentielle de la narratrice, en accord avec le principe du yin et du yang et de leur mutuelle transformation : « Ma femme deviendra un homme, comme elle l'avait toujours voulu[49]. » C'est un peu ce qui se produira dans le roman suivant qui inaugure un nouveau cycle d'écriture chez Chen, où elle confie à une voix narrative anonyme le récit de la vie d'un médecin occidental en Chine qui peut être perçu, à la lumière de cette prédiction de l'archéologue, comme une nouvelle incarnation de la narratrice (de même que Yan-Zi dans *L'Ingratitude* était apparue a posteriori comme l'un de ses avatars). Il faut toutefois rappeler que le changement survenu dans la voix narrative, qui passe du régime homodiégétique au régime hérérodiégétique, et le fait que le protagoniste de *Blessures* n'est jamais le narrateur autodiégétique de sa propre histoire, distingue assez nettement ce dernier roman du cycle des réincarnations[50].

---

47 *Ibid.*, p. 123.

48 Pamela V. Sing, *op. cit.*, p. 294.

49 Ying Chen, *La rive est loin*, *op. cit.*, p. 124.

50 Dans un extrait de son prochain roman qui mettra en scène le spectre de la fille de Marie Curie croisant sur son chemin les revenants de la double tragédie d'Hiroshima et de Nagasaki, Ying Chen revient au « je » mais l'incarne dans un personnage historique

Si donc le mari archéologue est amené momentanément à douter de ses sens, il tente tout de même de se convaincre qu'il existe une explication rationnelle aux lubies de sa femme. Évoquant au passage le récit des vies antérieures de sa conjointe, il note à cet effet : « Ce seraient là autant de preuves de sa maladie mentale, autant de raisons pour l'enfermer dans un asile[51]. » Or par amour pour elle ou par respect de sa condition, il n'ira pas jusqu'à cette extrémité. Quant à celle qui doit maintenant accepter de partager son propre récit avec lui, l'apparente folie dont elle souffre n'est que l'expression du pouvoir réel de la fiction sur la réalité imaginaire. C'est ainsi qu'elle peut avancer au sujet de la prétention du mari à l'enfermer dans son monde à lui : « Ma réelle existence dans son monde et dans son temps était son invention, sa croyance. C'était aussi un miraculeux mensonge de ma part[52]. » Au terme de cette confrontation intellectuelle qui s'étalera sur plusieurs chapitres du roman, le mensonge vrai, à savoir la fiction, l'emportera sur la fausse croyance qui, par un renversement total de perspective, désigne ici la vérité scientifique. Le monde fictionnel de la narratrice est bien ce qui lui aura permis de rester fidèle à elle-même en préservant son équilibre psychique, quoiqu'en pense son mari, face aux prétentions scientifiques de l'archéologue qu'elle assimile ironiquement à une croyance religieuse.

L'arbre généalogique du mari, omniprésent depuis l'amorce du cycle des réincarnations, est ce qui sépare en dernière instance l'homme de la femme, mais c'est aussi, paradoxalement, ce qui va les réunir une dernière fois contre l'adversité. Hospitalisé à la suite du diagnostic de son médecin qui lui a détecté une tumeur au cerveau, A. reçoit la visite de sa famille en plus des visites régulières de sa femme. Des allusions plutôt froides avaient été faites dans les romans précédents au sujet de cette famille[53], mais celle-ci était demeurée dans l'ombre comme des silhouettes dans un théâtre d'ombres chinoises. Les membres de cette

---

distinct de sa narratrice transmigrante. Ce trait confirme qu'elle a bien amorcé avec *Blessures* une nouvelle série romanesque qui s'apparente au cycle précédent tout en s'en distinguant par des références explicites à l'Histoire. *Cf.* Ying Chen, « Rayonnements », *L'Inconvénient*, nº 73, été 2018, p. 36-39.

51 Ying Chen, *La rive est loin*, *op. cit.*, p. 53.

52 *Ibid.*, p. 58.

53 « Ses parents sont venus une fois chez nous. Ma belle-mère m'a posé des questions que je n'ai pas toutes comprises. En partant, elle a entouré son fils de ses bras décharnés, les yeux humides et remplis de pitié. Depuis, mon mari leur rend visite seul les dimanches après-midi. » Ying Chen, *Immobile*, *op. cit.*, p. 39.

famille évanescente entrent maintenant en scène et se trouvent d'emblée confrontés à la narratrice :

> Toute sa famille est venue le voir. Sa mère veuve depuis quelques années, condamnée à la chaise roulante, la tante numéro un avec son mari et ses enfants revenant des pays lointains non pas pour voir A. dans l'hôpital, mais pour les funérailles, la tante numéro deux qui vit seule et qui a eu l'intention de voler notre enfant, et les cousins et cousines dont je confonds les noms[54].

C'est l'heure du règlement de comptes ! Il devient clair dans ce passage crucial du roman que les habitants de cette « ville arrogante et égoïste », voire « étrangère », qui avaient été évoqués au tout début, ne concernent pas tant les voisins et voisines rencontrés dans *Un enfant à ma porte* que les parents du mari étranger à sa propre femme : autre variation sur le thème de l'*Unheimliche* freudien, l'étrangeté se logeant au cœur du familier.

Il faut noter avant d'entreprendre l'analyse de ce passage la façon singulière dont la narratrice désigne certains membres de la famille de son mari : tantes numéro un et numéro deux sont des appellations typiquement chinoises qui n'ont pas cours en Occident. Si le lecteur avait pu croire jusque-là que A., en sa qualité scientifique d'archéologue et de professeur d'université vivant sur la côte ouest d'un pays industrialisé, était occidental, il doit maintenant se détromper. L'indice onomastique laisse peu de doutes quant à l'origine du mari de la narratrice, origine qu'elle partage vraisemblablement selon le cadastre civil. Il n'en demeure pas moins que tout les sépare, en commençant par cette autre origine que la narratrice s'est peut-être inventée ou fabulée, mais qui a plus à voir avec son identité transmigrante qu'avec celle consignée aux registres officiels dans lesquels son mari a placé toute sa foi. D'autre part, un indice du roman laisse entendre que cette fameuse, voire fumeuse, côte occidentale constitue elle-même un mirage. Bien qu'il ne soit pas exclu que l'action du roman au présent puisse se passer à Vancouver, lieu de résidence de l'écrivaine d'origine chinoise pendant la composition du cycle des réincarnations, une remarque du mari de la narratrice au sujet de l'autre rive qu'il contemple de leur maison fait plutôt penser à Shanghai, le lieu de naissance de Ying Chen :

> De l'autre côté du fleuve, en regard de notre ville, un tremblement de terre a eu lieu il y a quelque temps, mais la ville d'en face se porte à merveille,

54 Ying Chen, *La rive est loin*, *op. cit.*, p. 113.

> s'accroît de jour en jour, les derniers morceaux de terre cultivable viennent d'être achetés, les nouveaux immeubles seront bientôt en place. La paix y règne. Les jardins bâtis sur les cadavres et nourris de sang fleurissent bien. La prospérité se prolonge sans fin. Aucun signe d'écroulement. Le paradis existe. Le progrès est possible[55].

Quoique vague, la topographie des lieux suggère un effet de miroir entre le vieux Shanghai, qui se situe à l'ouest du fleuve Huangpu, et le quartier moderne de Pudong situé de l'autre côté du fleuve, lequel constitue en soi une ville à la fois coupée et reliée à sa métropole. Mais il pourrait tout aussi bien s'agir d'une quelconque ville chinoise située sur un fleuve en face d'une autre ville, puisque le mari la désigne seulement comme étant sa « ville natale[56] », probablement distincte de celle de sa femme « étrangère », et que la région de Shanghai est réputée peu propice aux séismes. Le même raisonnement ne tient pas la route pour Vancouver, séparé de son île par un bras de mer et non par un fleuve, encore moins pour Montréal qui n'a jamais connu de tremblement de terre de cette ampleur. Bien sûr, l'écrivaine se plaît à brouiller les frontières et à confondre les espaces géographiques tout au long du cycle des réincarnations de manière à *délocaliser* les intrigues qu'elle met en scène, mais ce nouveau détail dans l'ultime roman cyclique m'amène à remettre en question l'impossibilité catégorique que la côte ouest corresponde à un référent chinois, hypothèse que j'avais catégoriquement soutenue dans ma lecture d'*Immobile*. Acceptons donc provisoirement cette nouvelle hypothèse que *La rive est loin* nous ramène subrepticement en Chine (fût-elle imaginaire ou réinventée), où doit avoir lieu la confrontation finale entre la narratrice et la famille de son mari. Du coup, le livret généalogique de l'homme attesterait du culte des ancêtres si important pour le fils aîné d'une famille chinoise, accentué ici par le fait que ce fils reconnaissant (contrairement à la fille ingrate dans *L'Ingratitude* et celle qui est son épouse dans le cycle transmigrant) est un archéologue de formation.

En gardant ces nouvelles hypothèses de lecture en tête, il est temps de revenir à la scène de famille que j'ai laissée en suspens. Le face-à-face à la fois redouté et attendu se produit immédiatement après la rencontre à l'hôpital où A. est en train d'agoniser. Les membres de sa famille

55 *Ibid.*, p. 14-15.
56 *Ibid.*

convoquent son épouse « à une réunion familiale », mais cette dernière insiste pour qu'elle se tienne chez elle : « J'ai obtenu qu'elle ait lieu chez nous. Il faudrait que le combat soit mené sur mon territoire[57]. » Le choix des mots ne laisse aucun doute sur la nature belliqueuse de ce rendez-vous qui devrait, compte tenu des circonstances, être courtois voire compatissant. Devant la tribu réunie, l'épouse de A. divulgue sans ambages les dernières volontés de son époux qui lui lègue tous ses biens en faisant d'elle son unique héritière : « Tous étaient mécontents de l'ultime décision de A. de me laisser la totalité de ses biens[58]. » Malgré leur mécontentement, les membres de la famille du mari ne peuvent contester la validité du testament, seulement en vouloir à sa femme qui, n'ayant pas su lui assurer une postérité, conserve toutefois l'entièreté de son patrimoine :

> Nous n'avons pas produit de descendant pour cette famille, les neveux et les nièces qui portaient le même nom que lui étaient donc ses héritiers naturels et devaient, non pas selon la loi mais selon le sens commun et selon le besoin, recevoir une partie du patrimoine, par exemple la maison de A. que les parents avaient aidé à acheter. Ils voulaient vendre la maison et en partager le profit[59].

La cupidité des parents contraste dans ce passage avec le désintéressement philanthropique de l'épouse qui désire léguer à sa mort la maison familiale à l'université où travaillait son mari, « laquelle aurait l'obligation d'en faire un musée de la civilisation et de conserver sa collection de squelettes et de pierres[60]. » Leur postérité consistera donc dans le fruit du labeur du mari accumulé dans le sous-sol de sa maison, où son épouse « figure » symboliquement comme une des pièces de sa collection. La vengeance de l'épouse, qui avait été annoncée dès le début du roman, s'accomplit exemplairement sur le dos de la famille de son mari. L'arbre généalogique, dont ce dernier s'enorgueillissait, s'en trouve du coup déraciné et ses branches émondées. Le dernier lien qui le rattachait à ses racines est rompu et il est lui-même, quoique débile et désormais à la merci de sa femme, libéré de toute contrainte familiale. Après le départ des parents déshérités, la narratrice se retrouve enfin seule avec son

57 *Ibid.*, p. 113.
58 *Ibid.*, p. 115.
59 *Ibid.*
60 *Ibid.*, p. 117.

conjoint, qu'elle a *rapatrié* à la maison, pour contempler à ses côtés leur fin commune. Après le règlement de comptes arrive l'heure de la vérité.

C'est à ce moment du récit que le motif de la rive, qui a été réitéré tout au long du cycle des réincarnations au point d'en constituer le principal leitmotiv, revient en force dans le roman : non seulement pour la narratrice, qui en avait fait son obsession personnelle, mais également pour son partenaire qui sent maintenant la mort venir à grands pas. Dans son délire, il s'imagine traverser le fleuve pour aborder « l'autre rive[61] », à la manière de Charon dans sa barque funéraire : fantaisie d'archéologue féru de culture classique ! De son côté, elle pressent que l'autre rive qu'elle a recherchée toute sa vie à travers ses nombreux avatars se trouvait en réalité sur place, plus précisément au sous-sol de sa maison où A. a entassé toute sa collection de crânes et de pierres : « Le moment venu, je comptais descendre dans la cave et rester parmi les squelettes. Je croyais vaguement appartenir à la collection de A. C'est ici, et non ailleurs, que se trouvaient mes origines, mon peuple[62]. » À ce moment précis de la narration, la prédiction de la voyante communiquée dans *Immobile* prend tout son sens : « Les ailleurs n'existent pas. La mer est sans borne, la rive ne se trouve nulle part sinon en soi[63]. » La signification latente du motif du sous-sol, sur laquelle le lecteur avait buté à la fin du roman précédent puisqu'elle avait été formulée à la manière d'une énigme, se laisse résoudre dans ce passage. Rappelons que ce motif a été mis en scène pour la première fois dans le troisième roman du cycle, *Querelle d'un squelette avec son double*, la « sœur » de la narratrice, assimilée métaphoriquement à un squelette, vivant ou plutôt survivant dans son sous-sol. Or, pour Abraham et Torok, la cave ou le « caveau familial » est la crypte dans laquelle le mort non mort (ou le fantôme non symbolisable) continue de hanter le sujet qui l'a incorporé, rendant par le fait même le deuil impossible :

> Tous les mots qui n'auront pu être dits, toutes les scènes qui n'auront pu être remémorées, toutes les larmes qui n'auront pu être versées, seront avalés, en même temps que le traumatisme, cause de la perte. Avalés et *mis en conserve.* Le deuil indicible installe à l'intérieur du sujet un *caveau secret.* [...] Il arrive cependant que, lors des réalisations libidinales, « à minuit », le fantôme de la

61 *Ibid.*, 91.
62 *Ibid.*, p. 119.
63 Ying Chen, *Immobile*, *op. cit.*, p. 148.

> crypte vienne hanter le gardien du cimetière, en lui faisant des signes étranges et incompréhensibles, en l'obligeant à accomplir des actes insolites, en lui infligeant des sensations inattendues[64].

Si la crypte psychique est assimilée à un « caveau secret », concluent-ils, c'est qu'il n'y a « [p]as de crypte [...] qui n'ait été précédée d'un secret partagé[65] ». Le secret dont il s'agit s'en trouve ainsi dédoublé : il s'agit aussi bien du secret partagé par les deux partenaires dans le « couple pervers[66] », selon la terminologie de Clavreul, que du lieu secret où ce dernier sera enfoui après la mort de l'un d'eux qui anticipe le deuil à venir. Dans le cycle des réincarnations, le sous-sol figure bien ce caveau familial, non seulement parce qu'il abrite la collection de squelettes du mari dont l'épouse constitue en quelque sorte une pièce à conviction, mais parce qu'il fut le lieu d'où le double de la narratrice l'a interpellée d'outre-tombe pour l'avertir de ce qui l'attendait.

C'est bien ce qui se passe dans l'ultime roman du cycle de Chen. La narratrice partage avec son mari le secret de sa supposée folie et celui de sa mort annoncée, mais surtout c'est dans la cave où ce dernier avait entassé ses squelettes, bien réels ceux-ci, qu'elle descendra à la fin du roman pour partager avec lui son sort anticipé. Celle qui, souvenons-nous, portait la rive en soi, a fini par comprendre le sens prophétique des paroles prononcées par la voyante à la fin d'*Immobile*. C'est parfaitement immobile, dans un huis clos avec son éternel mari, qu'elle pourra enfin rejoindre l'autre rive entrevue au cours de ses pérégrinations psychiques. En rappel du sous-sol de la maison où son double avait survécu comme revenant après le tremblement de terre qui l'avait tué, la cave est le lieu tout indiqué pour aller à la rencontre de la mort à ses cotés : « Je me savais proche de ma destination finale. A. et moi nous serions unis dans la mort, comme un vrai bon couple[67]. » Il suffit d'attendre alors qu'un deuxième séisme providentiel se produise pour que le cycle infernal prenne fin. C'est ce qui arrive fatalement à la toute fin de *La rive est loin*. Tout juste avant que la terre ne tremble de nouveau, comme elle l'avait prévu dans *Espèces*, la narratrice a cette réflexion : « Maintenant, je suis contente que ce soit dans cette maison, précisément dans la sombre

64 Nicolas Abraham et Maria Torok, *L'écorce et le noyau*, *op. cit.*, p. 266.
65 *Ibid.*, p. 267.
66 *Cf.* p. 85, n. 100.
67 Ying Chen, *La rive est loin*, *op. cit.*, p. 46.

cave désordonnée où s'entassent *les restes de l'humanité* ramenés par A. de ses voyages, dans *ma vraie patrie*, que se reposent mes os et aussi mes songes. C'est là, *sans éternité*, que je dois me rendre[68]. » Au moment où tout s'écroule, elle a encore le temps d'étendre la main vers son mari, qui s'en empare, et d'attendre à ses côtés – tels deux gisants – que la mort les fige pour toujours. Tout semble bien fini, enfin consommé, sans retour possible à la vie ni possibilité de réincarnation… si n'était de l'image finale du roman qui laisse planer un doute sur la fin du cycle : « En fermant les yeux, je vois mon fauteuil intact, je le vois debout dans notre jardin, dans la paix du tombeau, sous le soleil qui illumine le désert environnant. Je vois mon ombre à nouveau dans ce fauteuil, à attendre s'élever mon chant silencieux, à attendre mon enfant[69]. »

Si la libération du cycle des réincarnations consiste à renaître une dernière fois, mais cette fois hors de ce cycle, il semble plutôt que la fin énigmatique de *La rive est loin* y replonge la narratrice. Elle ne se projette pas à l'extérieur du cercle vicieux pour effectuer sa « véritable renaissance », mais revient plutôt dans son giron en attendant le retour hypothétique de son enfant que son mari n'espérait plus. S'agit-il du même enfant trouvé puis perdu dans *Un enfant à ma porte* ? Ou d'un enfant non encore né dont elle espère la naissance dans une autre vie ? Dans un cas comme dans l'autre, elle resterait prisonnière du cycle dont elle croit s'affranchir, ce qui constitue la pire illusion au moment de franchir l'étape du Bardo de la mort. Même à l'étape suivante qui se révèle la plus cruciale, c'est-à-dire le Bardo du devenir, l'âme errante en quête de sa renaissance n'est pas libérée pour autant de la tentation de se réincarner dans un autre corps. Le cas échéant, la narratrice se retrouverait de nouveau dans une matrice, espérant seulement que la prochaine fois sera la bonne, si elle ne régresse pas entre-temps, comme il lui est advenu dans *Espèces*.

Or une autre piste de lecture nous est suggérée dans *La rive est loin* qu'il nous reste encore à explorer. Avant la catastrophe finale, la narratrice avait constaté que son mari lui-même régressait au fil de sa maladie : « A. vers la fin de sa vie est devenu un enfant[70]. » Pressentant qu'il était sur le point de la quitter définitivement, elle avait eu alors cette pensée :

68 *Ibid.*, p. 139. Je souligne.
69 *Ibid.*, 140.
70 *Ibid.*, p. 118.

« Je le sentais proche non pas comme époux, mais comme enfant. Le perdre, pour moi, c'était perdre un enfant une seconde fois[71]. » N'est-ce pas plutôt cet enfant-là, « l'éternel mari », autre figure de la palingénésie dans la transformation continuelle du yin et du yang, qu'elle attend en rêve à la fin de *La rive est loin* ? Si tel est le cas, il faut en conclure qu'en dépit des apparences, la rive où elle espérait accoster n'est pas encore atteinte. Comme l'indique par ailleurs le titre du roman, la rive lointaine ne signale pas une fin, ni même un recommencement, mais une suspension indéfinie dans le temps et dans l'espace qui reste la seule véritable demeure de la transmigrante du cycle des réincarnations : « Je vis seulement quand je flotte[72]. » Bien que le rivage ait été atteint par le mari dans le récit, lequel est pris en charge dans les deux derniers chapitres par la narratrice survivante (seule dérogation à la règle de l'alternance des voix dans ce roman), il ne semble pas avoir été rejoint par elle. Le titre même du roman conteste cette interprétation. La rive est toujours loin : plus la narratrice du cycle des réincarnations s'en approche, plus elle recule à l'horizon ; si la rive est bien enfouie en elle, elle la fuit tout autant quand celle-ci tente de s'en saisir. Cette grande immobile, pourtant si mobile dans ses déplacements spatio-temporels, porte en effet la rive en soi ; mais plus encore, elle la *transporte* d'un roman à l'autre, déportant sa trajectoire spatio-temporelle qui transite d'une traversée du corps dans le temps à une envolée de l'âme dans l'espace. Impossible de savoir à la fin du roman, qui met pourtant fin à « l'ensemble romanesque » inauguré par *Immobile*, si sa narratrice a réussi à sortir du cycle des réincarnations en effectuant sa renaissance ou si elle y est restée coincée sans espoir. C'est sur un long point d'orgue, qui se prolonge dans le silence sidéral des espaces infinis, que retentissent les dernières phrases de l'ultime roman du cycle transmigrant.

Au final, le cycle des réincarnations aura permis à la narratrice (et ici je serais tenté d'ajouter à l'auteur, qui a vécu à son diapason au cours de son élaboration un « deuil indicible ») d'échapper à la logique de l'héritage, de la filiation et d'un enracinement dans le culte des ancêtres qui caractérise aussi bien la mentalité occidentale du mari archéologue que la culture chinoise traditionnelle. Par cette habile fiction, et le truchement de son « interprète », Ying Chen a su prendre ses distances

71 *Ibid.*, p. 119.
72 *Ibid.*, p. 129.

autant de l'une que de l'autre tradition millénaire et se dérober à la double contrainte que cette logique implacable exerçait sur elle. Malgré son titre qui laisse entendre que la rive reste lointaine, cet ultime roman de l'auteur fait coïncider le rivage oriental, que l'écrivaine avait quitté au début de sa carrière littéraire, avec le rivage occidental, où sa narratrice s'apprête à prendre congé de son mari. Le spectre du terrible tremblement de terre qui avait été évoqué dans *Querelle d'un squelette avec son double*, puis qui était revenu hanter les autres titres du cycle, s'est produit cette fois réellement, engloutissant la maison conjugale du mari, qui y a trouvé une mort déjà annoncée dans le récit, et de sa femme, qui semble par contre lui survivre, comme elle a survécu à tous ses amants, réels ou imaginaires, et ses avatars antérieurs. Difficile de prédire si Ying Chen va ressusciter ce spectre récalcitrant dans un roman à venir ou trouver une autre façon de redonner vie à la figure de l'enfant mort dans un autre rejeton de son œuvre. Il n'en demeure pas moins que le cycle inauguré par *Immobile* a trouvé dans *La rive est loin* sa conclusion la plus logique – ce point de suspension entre deux mondes, deux états contradictoires –, l'œuvre demeurant ouverte malgré sa clôture apparente.

CONCLUSION

Du paysage

> Le paysage recule, rétrécit et s'efface.
> Ying CHEN

« Ce livre de l'entre-deux s'ouvre sur l'étranger et se conclut sur le voyage[1] », pouvait avancer Daniel Sibony en ouverture de son essai consacré au concept de « l'entre-deux » et la question de l'origine qui lui est rattachée. En le paraphrasant, je pourrais alléguer à mon tour que mon essai sur l'œuvre transmigrante de Ying Chen, que j'ai désignée de « cycle des réincarnations », s'ouvre sur l'écriture pour se conclure sur le paysage. C'est entre ces deux pôles, où l'origine est prise en écharpe, et du même coup échappe à toute forme d'assignation (à domicile ou sans domicile fixe), que s'est déployée cette œuvre singulière et ma tentative d'en rendre compte dans les pages qui précèdent. Avant de clore ou de refermer la boucle, il me faut donc repasser par cet autre point de passage, à la fois prégnant et fuyant, dans l'œuvre de Chen, à savoir l'attention qu'elle porte au paysage, même quand celui-ci se dérobe à la vue.

Dans son essai intitulé *Vivre de paysage ou L'impensé de la Raison*, le sinologue François Jullien insiste avec raison sur la différence entre la conception chinoise du paysage, qui se dit littéralement « montagne(s)-eau(x) » (*shan shui*) ou « montagne(s)-rivière(s) » (*shan chuan*) dans cette langue[2], soit la relation de deux éléments naturels en apparence opposés l'un à l'autre mais reliés dans un même syntagme formé de deux caractères, et sa conception occidentale où il est désigné dans les principales

1 Daniel Sibony, *op. cit.*, p. 26.

2 François Jullien, *Vivre de paysage ou l'Impensé de la Raison*, Paris, Gallimard, coll. « Bibliothèque des idées », 2014, p. 39.

langues européennes à partir de la notion plus générale voire abstraite de « pays » (*land*) et de ses dérivés : paysage, *paisaje*, *paesaggio*, *landscape*, *landschaft*[3]… À ces façons très différentes de nommer le paysage correspondent aussi des manières bien distinctes de l'appréhender. Ce qui importe aux yeux de l'Européen, d'après Jullien, c'est de dominer la conception essentiellement pittoresque qu'il se fait du paysage saisi précisément par la vue : « L'Europe n'est pas sortie de cette idée, ou plutôt de cette présomption, que le paysage se détache d'un "pays" dans lequel la vue le découpe[4]. » Il y va d'une opération chirurgicale opérée par l'œil à même le panorama qui s'offre à sa vision. En revanche, « la Chine nous met devant une tout autre entrée de ce que nous appelons "paysage", en Europe. Elle tranche radicalement avec ce sémantisme de l'étendue, de la vue et de la découpe[5]. » Si la vision est aussi mobilisée dans la contemplation du paysage chinois, l'écoute est tout autant impliquée : « il y a ce qu'on a frontalement devant les yeux et qu'on regarde (la montagne) et ce qu'on entend de divers côtés et dont le bruissement parvient à l'oreille (l'eau) : la vue et l'ouïe sont également sollicitées[6]. » Pour le dire plus simplement, le sujet européen se contente d'observer le paysage tandis que le sujet chinois s'immerge dans sa contemplation.

À ces deux manières distinctes voire opposées de concevoir le paysage correspondent deux conceptions différentes du sujet qui en fait l'expérience. L'Occident conçoit essentiellement l'expérience du paysage comme la relation univoque entre un sujet unifié et l'objet, projeté devant lui, qu'il domine du regard. En rompant avec « le sémantisme du territoire », qui suppose l'unité du sujet rationnel, « la Chine dit un jeu d'interactions sans fin entre facteurs contraires, devenant partenaires, par lesquels du monde est matriciellement conçu et s'organise[7]. » Le sujet de l'expérience est noyé dans le paysage-matrice, il se fond dans la contemplation de son objet qui l'a mis au monde, il devient à son tour élément constitutif du décor :

> À l'encontre de ce pouvoir monopolisant de la vue, la Chine dit l'essentielle polarité qui fait que du monde se met en tension et se déploie. De l'humain

3 *Ibid.*, p. 15.
4 *Ibid.*
5 *Ibid.*, p. 39.
6 *Ibid.*, p. 40.
7 *Ibid.*

> ne s'en sépare pas, mais demeure en creux, compris dans ces implications multiples. Car le vis-à-vis qui s'instaure est dans le monde, *entre* les « montagnes » et les « eaux[8] ».

Si l'expérience du paysage varie sensiblement dans ces deux modes de représentation de son « concept », le premier mettant l'accent sur son caractère concret et immanent (la montagne et l'eau étant des éléments essentiels du paysage dans lequel le sujet observateur s'immerge), tandis que l'autre privilégie son aspect abstrait et transcendant (avec lequel le paysage se confond comme élément du décor observé à distance par le sujet), c'est dans l'œuvre tardive de Ying Chen que ces deux conceptions se rejoignent et trouvent par là à se réconcilier. La synthèse, déjà entrevue dans les romans formant le cycle des réincarnations, est réalisée dans le dernier essai de l'auteur, *La Lenteur des montagnes*, où est dépeint un paysage typiquement chinois : « Dans l'ancien temps, quand les peintres chinois – des montagnards pour la plupart – peignaient des montagnes, ils les ceignaient de nuages, les "coupaient" du sol et effaçaient les racines de la forêt : ils inventaient un monde flottant entre ciel et terre[9]. » Ce monde flottant est celui, nous l'avons vu, qui gouverne le cycle des réincarnations et qui préside à l'écriture transmigrante de Chen, inspiré des classiques de la littérature chinoise, dont au premier chef le *Yi King* (« le livre des transformations ») qu'elle cite à plusieurs reprises dans son essai. Elle en a même tiré un enseignement qui résume à lui seul les fondements de sa poétique : « Le changement est une loi absolue dans un monde sans absolu[10]. »

Bien que l'écrivaine francophone semble adhérer à une conceptualisation chinoise du paysage, en privilégiant « la lenteur des montagnes » et le « reflux des vagues dans la marée montante[11] » – ingrédients essentiels à toute représentation du paysage, mais aussi de l'espace habité en Chine, en accord avec l'art millénaire du *feng shui* –, c'est paradoxalement en Occident, plus précisément sur l'île de Vancouver, qu'elle en fait ou plutôt en refait l'expérience, ou mieux qu'elle la recouvre ou l'éprouve à nouveau après l'avoir perdue de vue. Non sans avoir évoqué au passage son « tempérament un peu grave, un peu montagnard[12] » et avoué

8 *Ibid.*, p. 41.
9 Ying Chen, *La Lenteur des montagnes*, *op. cit.*, p. 30.
10 *Ibid.*, p. 12.
11 *Ibid.*, p. 27.
12 *Ibid.*, p. 9.

être « une montagnarde dans l'âme[13] » qui ne désire que le « silence de la montagne[14] », ce qui la rapproche singulièrement de l'auteur de *La Montagne de l'âme*, Chen consacre à Tofino, sur la côte ouest de l'île de Vancouver, un passage qui non seulement participe de son amour inconditionnel de la montagne, mais aussi de la représentation classique du paysage dans la peinture chinoise, qui se compose nécessairement d'une nappe d'eau s'étendant au pied d'une montagne embrumée :

> À Tofino, je trouve le paysage dont je rêve : hautes vagues, lourdes pierres, ciel bas, horizon invisible, sauvagerie, fracas, solitude, peur et, en même temps, désir de succomber.
>
> Je me souviens d'avoir vu à peu près cela non loin de Shanghai, de l'autre côté du Pacifique, il y a bientôt trente ans, et d'avoir eu ce même sentiment d'être lancée seule hors du monde, au bout d'un voyage[15].

Parvenue au bout de son voyage dans la nuit, c'est près de Vancouver, sur la côte ouest du Canada où elle avait choisi de s'exiler de nouveau après son enracinement passager dans les Cantons de l'Est au Québec, que Ying Chen va retrouver le paysage enfoui de son enfance, non loin de Shanghai, sur la côte est de son pays natal. Tels le yin et le yang en continuelle mutation – l'adret et l'ubac de la montagne, rappelons-le – « *Far West* et *Far East* se rejoignent ici[16] », se superposent, mieux se transvasent l'un en l'autre. À l'image de la narratrice qui s'était réincarnée tout au long du cycle qui mène d'*Immobile* à *La rive est loin*, le paysage chinois – et la conception de l'être jeté au monde qu'il véhicule – s'est à son tour réincarné pour son auteur en sol canadien. La fiction anticipait donc le réel ; ou alors, c'est lui qui a fini par se résorber dans la fiction devenue réalité.

On entend dans cet aveu tardif de Ying Chen évoquant son paysage de rêve à l'intention de son fils, qu'elle compare à un « nuage qui relativise le paysage[17] » et à qui elle dédie son essai en guise de testament littéraire, un autre écho à l'œuvre d'Anne Hébert, cette fois au roman *Les Fous de Bassan* qui met en scène un paysage similaire, fait de tumulte et de mer déchaînée – et de toute la solitude sauvage qui en déferle. Paysage

13 *Ibid.*, p. 28.
14 *Ibid.*, p. 31.
15 *Ibid.*, p. 57.
16 *Ibid.*, p. 41.
17 *Ibid.*, p. 31.

émanant de l'autre plutôt qu'immanent de soi, « forcément sublime[18] » au lieu de se contenter d'être beau, il rend caduc le pittoresque auquel il se réduit dès qu'on tente de (se) le représenter, de le fixer sur une toile ou sur la rétine d'un œil. Il faut l'éprouver dans son corps, sa chair et ses os, et non seulement en esprit ou dans une âme désincarnée, pour espérer en faire l'expérience intime. C'est ainsi du moins que l'a vécu l'écrivaine quand, à la suite de son « cycle vertigineux[19] » dont elle n'est jamais vraiment sortie, elle s'est retrouvée dans l'immensité du réel qui l'a remise au monde.

Comme le fait voir et le donne à entendre François Jullien, le paysage pittoresque en Chine, au sens primitif du mot (« ce qui est digne d'être représenté en peinture »), est aussi un paysage sonore. Ying Chen avait déjà fait référence à la musique dans son œuvre, en insistant sur la question du rythme et de la musicalité de sa prose à propos du *Champ dans la mer*, dont l'écho se résorbe dans le « chant silencieux[20] » entendu à la fin de *La rive est loin*. Rappelons que le premier avatar de la narratrice qu'elle a mis en scène dans le cycle des réincarnations était une cantatrice et que cet atavisme va resurgir par la suite chez la femme réincarnée dotée d'une belle voix. Pour filer la métaphore musicale, quand Chen se réfère au cycle vertigineux qu'elle est en train de rédiger, elle a recours au verbe « composer », au lieu du verbe « écrire » plus attendu du lecteur. Or la composition musicale est aussi une forme d'écriture, qui peut à son tour s'avérer cyclique. C'est le cas, par exemple, dans les compositions cycliques basées sur la technique du leitmotiv mise au point par Richard Wagner dans ses opéras et reprise par César Franck dans ses compositions instrumentales. Le retour des mêmes thèmes et la reprise des motifs qui leur sont associés assurent l'unité de l'œuvre tout en caractérisant chaque personnage du drame, chaque situation dramatique ou chaque moment-clé dans le développement musical de la partition.

Il serait tentant, à la lumière de ce procédé, d'effectuer un rapprochement entre le cycle des réincarnations de Chen et les œuvres cycliques

18 En référence au texte émouvant de Marguerite Duras publié une première fois dans le quotidien *Libération* (17 juillet 1985), puis repris dans Marguerite Duras, *Sublime, forcément sublime Christine V.*, précédé de *Duras aruspice* par Catherine Mavrikakis, Montréal, Héliotrope, 2006.

19 *Ibid.*, p. 23.

20 Ying Chen, *La rive est loin*, *op. cit.*, p. 140.

de ces compositeurs, d'autant qu'ils partagent le principe de « l'éternel retour » qui est au cœur de leur production. Bien que pertinent, ce rapprochement convient davantage à l'œuvre de Proust qui, en raison de sa monumentalité et de sa finalité intrinsèque, nécessitait d'une telle technique de composition pour assurer sa cohésion interne et son unité formelle. Quoique complexe et en partie redevable à son modèle littéraire, l'écriture de Chen est trop intimiste, voire minimaliste, pour exiger une technique aussi sophistiquée dans la conception de son œuvre. Le modèle classique du thème et variations pourrait servir de point de comparaison, sauf qu'en plus d'être galvaudé dans l'approche comparatiste des études littéraires et musicales, il ne s'avère pas particulièrement pertinent pour rendre compte de la poétique de Chen. Certes, *Immobile* peut être lu comme la matrice de laquelle tous les autres romans dérivent, mais comme ces derniers offrent bien peu de variations par rapport au thème initial, à peine de subtils changements de tonalité qui relèvent plus de relations enharmoniques que de véritables modulations, il faudrait en conclure que l'écrivaine musicienne manquait d'oreille ou alors qu'elle se complaisait dans des formules répétitives, vice de composition souvent reproché à la musique minimaliste. Or tel n'est pas le cas : Chen a une oreille très fine et elle maîtrise parfaitement l'art de la nuance.

Heureusement, il y a une autre voie cyclique en musique qui s'accorde beaucoup mieux avec la voix que Ying Chen nous fait entendre dans le cycle des réincarnations. Elle culmine dans la composition de cycles de mélodies ou de lieder, pratique à laquelle excellaient les compositeurs allemands avant d'être reprise par leurs homologues français. Le plus souvent, ces cycles gravitaient autour de l'œuvre d'un poète ou d'un thème unificateur. On pense, bien sûr, aux cycles célèbres de Schubert et de Schumann, aux cotés de ceux d'un Fauré ou d'un Debussy. Se démarque du lot un cycle en particulier de Schumann : *Frauenliebe und Leben*, sur des poèmes de Chamisso. Ce cycle retrace, à travers huit lieder aux tonalités variées (dans le double sens, musical et affectif, du terme), autant d'épisodes dans la vie d'une femme amoureuse, de la rencontre de l'homme aimé jusqu'au décès du mari, en passant par l'expérience de la maternité. En plus d'offrir un condensé de la vie de la narratrice du cycle des réincarnations (qui résonne « par sympathie » avec celle de son auteur), la composition du cycle de Schumann présente des affinités électives avec l'écriture transmigrante de Chen. Chaque roman du cycle des réincarnations marque en effet une étape dans la vie aventureuse de sa narratrice, qui doit passer par une série d'incarnations avant de connaître la mort ou la paix sur « l'autre rive » de l'existence, que cette dernière soit atteinte ou pas.

En dernier lieu, le Nirvana est aussi paysage ; mais contrairement au paradis, céleste voire terrestre, il n'est pas facile à (se) figurer. Pour les bouddhistes chinois, il est censé se trouver à l'ouest, en Inde, d'où il origine, alors que les occidentaux le recherchent à l'est comme tout ce qui leur vient vaguement de l'Orient ésotérique. Hormis les récits mythiques qui le mettent en scène, dont le célèbre *Singe pèlerin* ou *Voyage en Occident* ou encore *Pérégrination vers l'Ouest* de Wu Cheng'en, personne n'a réussi à le localiser. Il se laisse fantasmer, désirer, mais non représenter. Il peut s'entrevoir toutefois à travers les brumes d'un paysage imaginé par un peintre chinois, ou parfois dans le sfumato de la palette d'un artiste italien, bien qu'il échappe comme tel à la représentation. Or c'est ce paysage, tout en nuances et demi-teintes, que tentait d'apercevoir la narratrice du cycle des réincarnations de la rive où elle (s')était exilée. À la fin, évidemment, il s'est dérobé à sa vue, a fui son champ de vision. Elle en a conservé tout de même le souvenir sonore, un écho persistant qui lui parvenait de l'autre rive qu'elle n'apercevait pas, mais qu'elle contemplait en silence dans le brouillard. Cette sonorité, qui est porosité au monde, c'est le secret même de l'écriture de Ying Chen.

BIBLIOGRAPHIE

ŒUVRES ÉTUDIÉES

CHEN, Ying, *Immobile*, Montréal, Boréal, 1998.
CHEN, Ying, *Le Champ dans la mer*, Montréal, Boréal, 2002.
CHEN, Ying, *Querelle d'un squelette avec son double*, Montréal, Boréal, 2003.
CHEN, Ying, *Le Mangeur*, Montréal, Boréal, 2006.
CHEN, Ying, *Un enfant à ma porte*, Montréal, Boréal, 2008.
CHEN, Ying, *Espèces*, Montréal, Boréal, 2010.
CHEN, Ying, *La rive est loin*, Montréal, Boréal, 2013.

AUTRES ŒUVRES CITÉES

CHEN, Ying, *La Mémoire de l'eau*, Montréal, Leméac, 1992.
CHEN, Ying, *Les Lettres chinoises*, Montréal, Leméac, 1993.
CHEN, Ying, *L'Ingratitude*, Montréal/Arles, Leméac / Actes Sud, 1995.
CHEN, Ying, *Quatre Mille Marches*, Montréal, Boréal, 2004.
CHEN, Ying, « La poussière des étoiles » *Frontières*, vol. 19, nº 2, printemps 2007, p. 73-74.
CHEN, Ying, *Impressions d'été*, Saint-Nazaire, meet, 2008.
CHEN, Ying, « Hors des trains », *Cahiers littéraires Contre-jour*, nº 19, automne 2009, p. 29-35.
CHEN, Ying, *La Lenteur des montagnes*, Montréal, Boréal, 2014.
CHEN, Ying, *Blessures*, Montréal, Boréal, 2016.
CHEN, Ying, « Rayonnements », *L'Inconvénient*, nº 73, été 2018, p. 36-39.

OUVRAGES THÉORIQUES ET CRITIQUES CONSULTÉS

ABRAHAM, Nicolas et Maria TOROK, *L'écorce et le noyau*, Paris, Flammarion, coll. « Champs », 1987 [1978].

AKHTAR, Salman (dir.), *Freud and the Far East. Psychoanalytic Perspectives on the People and Culture of China, Japan, and Korea*, Plymouth (UK), Jason Aronson, 2009.

BAKHTINE, Mikhaïl, *Esthétique et théorie du roman*, traduit par Daria Olivier, préface de Michel Aucouturier, Paris, Gallimard, coll. « Tel », 1978.

BARTHES, Roland, *Le Bruissement de la langue. Essais critiques IV*, Paris, Seuil, 1984.

BARTHES, Roland, *Le Degré zéro de l'écriture* suivi de *Nouveaux essais critiques*, Paris, Seuil, coll. « Points », 1972 [1953].

BARTHES, Roland, *L'Empire des signes*, Paris/Genève, Flammarion/Skira, coll. « Champs / Les sentiers de la création », 1970.

BARTHES, Roland, *Essais critiques*, Paris, Seuil, coll. « Points », 1964.

BARTHES, Roland, *Mythologies*, Paris, Seuil, coll. « Points », 1957.

BARTHES, Roland, *Sade, Fourier, Loyola*, Paris, Seuil, coll. « Points », 1971.

BIRON, Michel, François DUMONT et Élisabeth NARDOUT-LAFARGE, *Histoire de la littérature québécoise*, Montréal, Boréal, 2007.

BRAIDOTTI, Rosi, *Nomadic Theory*, New York, Columbia University Press, 2011.

CACCIA, Fulvio (dir.), *La Transculture et* ViceVersa, Montréal, Triptyque, 2010.

CIXOUS, Hélène, Madeleine GAGNON et Annie LECLERC, *La venue à l'écriture*, Paris, Union générale d'éditions, coll. « 10|18 », 1977.

COLMAN, Andrew M., *Oxford Dictionary of Psychology*, Oxford, Oxford University Press, 2015.

DELEUZE, Gilles et Félix GUATTARI, *Mille Plateaux. Capitalisme et schizophrénie*, Paris, Minuit, coll. « Critique », 1980.

DELEUZE, Gilles et Félix GUATTARI, *Rhizome – Introduction*, Paris, Minuit, 1976.

DEMANZE, Laurent, *Encres orphelines. Pierre Bergounioux, Gérard Macé, Pierre Michon*, Paris, José Corti, 2008.

FERRARO, Alessandra, *Écriture migrante et translinguisme au Québec*, Venise, La Toletta, coll. « Nuove prospettive americane », 2014.

FOUCAULT, Michel, *Dits et écrits I. 1954-1975*, Paris, Gallimard, coll. « Quarto », 2001 [1994].

FREUD, Sigmund, *L'Inquiétante Étrangeté et autres essais*, traduit par Bertrand Féron, Paris, Gallimard, coll. « folio essais », 1985.

FREUD, Sigmund, *Névrose, psychose et perversion*, traduit par J. Laplanche, Paris, Presses Universitaires de France, coll. « Bibliothèque de psychanalyse », 1973.

FREUD, Sigmund, *Le délire et les rêves dans la* Gradiva *de W. Jensen*, traduit par Paule Arbex et Rose-Marie Zeitlin, Paris, Gallimard, coll. « folio essais », 1986.

FREUD, Sigmund, *Totem et tabou*, traduit par Serge Jankélévitch, Paris, Payot, coll. « Petite Bibliothèque Payot », 1999 [1965].

GENETTE, Gérard, *Nouveau discours du récit*, Paris, Seuil, coll. « Poétique », 1983.

HAREL, Simon, *Les passages obligés de l'écriture migrante*, Montréal, XYZ, coll. « Théorie et littérature », 2005.

JONASSAINT, Jean, *Le pouvoir des mots, les maux du pouvoir. Des romanciers haïtiens de l'exil*, Paris/Montréal, Arcantère/PUM, coll. « Voix au chapitre », 1986.

JULLIEN, François, *Vivre de paysage ou l'Impensé de la Raison*, Paris, Gallimard, coll. « Bibliothèque des idées », 2014.

KLEIN, Mélanie, *Essais de psychanalyse*, traduit par Marguerite Derrida, introduction de Nicolas Abraham et Maria Torok, Paris, Payot, 1984.

LACAN, Jacques, *Écrits*, Paris, Seuil, coll. « Le champ freudien », 1966.

LAPLANCHE, Jean et Jean-Bertrand PONTALIS, *Vocabulaire de la psychanalyse*, Paris, PUF, coll. « Quadrige », 2004 [1967].

LÉVESQUE, Nicolas, *Le deuil impossible nécessaire*, Québec, Nota bene, 2005.

LUKACS, Georg, *La Théorie du roman*, traduit de l'allemand par Jean Clairevoye et suivi de *Introduction aux premiers écrits de Georg Lukács* par Lucien Goldmann, Paris, Denoël, coll. « Tel », 1968.

MOSSETTO, Anna Paola (dir.), *Le projet transculturel de* Vice Versa, Bologne, Pendragon, 2006.

NEPVEU, Pierre, *L'Écologie du réel. Mort et naissance de la littérature québécoise contemporaine*, Montréal, Boréal, 1988.

POIRIER, Patrick et Brigitte FAIVRE-DUBOZ, *Jacques Ferron : le palimpseste infini*, Montréal, Lanctôt Éditeur, 2002.

PRZYCHODZEN, Janusz, *De la simplicité comme mode d'emploi. Le minimalisme en littérature québécoise*, Québec, Les Presses de l'Université Laval, 2014.

ROBERT, Marthe, *Roman des origines et origines du roman*, Paris, Gallimard, coll. « Tel », 1972.

ROBIN, Régine, *Le roman mémoriel : de l'histoire à l'écriture du hors-lieu*, Longueuil, Le Préambule, coll. « L'Univers des discours », 1989.

SAINT-MARTIN, Lori, *Au-delà du nom. La question du père dans la littérature québécoise actuelle*, Montréal, Les Presses de l'Université de Montréal, coll. « Nouvelles études québécoises », 2010.

SAINT-MARTIN, Lori, *Le Nom de la Mère. Mères, filles et écriture dans la littérature québécoise au féminin*, Montréal, Nota bene, coll. « Essais critiques », 1999.

SIBONY, Daniel, *Entre-deux. L'origine en partage*, Paris, Seuil, coll. « Points Essais », 2003 [1991].

SILVESTER, Rosalind et Guillaume THOUROUDE (dir.), *Traits chinois / lignes francophones*, Montréal, Les Presses de l'Université de Montréal, coll. « Sociétés et cultures de l'Asie », 2012.

WATTEYNE, Nathalie (éd.), *Œuvres complètes d'Anne Hébert, I. Poésie*, Montréal, Les Presses de l'Université de Montréal, coll. « Bibliothèque du Nouveau Monde », 2013.

OUVRAGES LITTÉRAIRES CONSULTÉS

BATAILLE, Georges, *La littérature et le mal*, Paris, Gallimard, coll. « Idées », 1957.

BAUDELAIRE, Charles, *Écrits sur l'Art*, Tome 2, Paris, Le Livre de Poche, 1971.

BECKETT, Samuel, *L'Innommable*, Paris, Minuit, 2004 [1953].

BECKETT, Samuel, *Oh les beaux jours*, Paris, Minuit, 1963.

CAMUS, Albert, *L'Étranger*, Paris, Gallimard, coll. « Le Livre de Poche », 1957 [1942].

CAMUS, Albert, *La Chute*, Paris, Gallimard, coll. « Folio », 1956.

CAMUS, Albert, *Le Mythe de Sisyphe*, Paris, Gallimard, coll. « Idées », 1942.

CHENG'EN, Wu, *La Pérégrination vers l'Ouest*, tomes 1 et 2, traduit par André Lévy, Paris, Gallimard, coll. « Bibliothèque de la Pléiade », 1991.

CAO, Xuequin, *Le Rêve dans le pavillon rouge*, tomes 1 et 2, traduit par Li Tche-Houa et Jacqueline Alézaïs, Paris, Gallimard, coll. « Bibliothèque de la Pléiade », 1981.

DOSTOÏEVSKI, Fedor, *Les Carnets du sous-sol*, Arles, Actes Sud, 1992.

DOSTOÏEVSKI, Fedor, *L'Éternel Mari*, Paris, Gallimard, coll. « Le Livre de poche », 1936.

DUCHARME, Réjean, *L'Avalée des avalés*, Paris, Gallimard, 1966.

DUCHARME, Réjean, *Les Enfantômes*, Paris, Gallimard, 1976.

DURAS, Marguerite, *Sublime, forcément sublime Christine V.*, précédé de *Duras aruspice* par Catherine MAVRIKAKIS, Montréal, Héliotrope, 2006.

GUÈVREMONT, Germaine, *Le Survenant*, Montréal, Fides, coll. « Bibliothèque canadienne-française », 1974 [1945].

HEBERT, Anne, *Est-ce que je te dérange ?*, Paris, Seuil, 1998.

HÉBERT, Anne, *Les Fous de Bassan*, Paris, Seuil, coll. « Points », 1982.

HÉBERT, Anne, *Poèmes*, Paris, Seuil, 1960.

KAFKA, Franz, *La Métamorphose*, Paris, Gallimard, coll. « Le livre de poche », 1955.

KRISTOF, Agota, *Le Grand Cahier*, Paris, Seuil, coll. « Points », 1986.
MAVRIKAKIS, Catherine, *Deuils cannibales et mélancoliques*, Montréal, Héliotrope, 2009 [2000].
NIETZSCHE, Friedrich, *Ecce homo*, Paris, Union générale d'éditions, coll. « 10|18 », 1988.
OVIDE, *Les Métamorphoses*, Paris, Garnier-Flammarion, 1966.
PROUST, Marcel, *À la recherche du temps perdu*, Paris, Gallimard, coll. « Quarto », 1999.
SAINT-DENYS GARNEAU, Hector de, *Poésies. Regards et Jeux dans l'Espace* suivi de *Les Solitudes*, Montréal, Fides, coll. « Nénuphar », 1972.
WOOLF, Virginia, *Une chambre à soi*, Paris, 10|18, 2001.
XUN, Lu, *Cris*, traduit par Sebastian Veg, Paris, Éditions Rue d'Ulm / Presses de l'École normale supérieure, 2010.

AUTRES OUVRAGES CONSULTÉS

La Bible de Jérusalem, Paris/Montréal, Cerf/Fides, 1981 [1973].
Le Livre des transformations (*Yi King*), version allemande par Richard Wilhelm, traduit par Étienne Perrot, Paris, Librairie de Médicis, 1973.
PADMASAMBHAVA, *Le Livre des morts tibétain* (*Bardo Thödröl Chenmo*), traduit et commenté par Philippe Cornu, Paris, Buchet/Chastel, 2009.
VORAGINE, Jacques de, *La Légende dorée*, édition publiée sous la direction d'Alain Boureau et als, Paris, Gallimard, coll. « Bibliothèque de la Pléiade », 2004.

ARTICLES CONSULTÉS

BERROUËT-ORIOL, Robert, « L'effet d'exil », *Vice Versa*, n° 17, déc. 1986 / janv. 1987, p. 20-21.
BERROUËT-ORIOL, Robert et Robert FOURNIER, « L'émergence des écritures migrantes et métisses au Québec », *Québec Studies*, n° 14, 1992, p. 7-22.
BIRON, Michel, « Autour de quelques morts », *Voix et Images*, vol. 24, n° 2 (71), hiver 1999, p. 407-412.
BIRON, Michel, « Le fils de personne », *Voix et Images*, vol. 27, n° 3 (81), printemps 2002, p. 566-571.

CHARTIER, Daniel, « Les origines de l'écriture migrante. L'immigration littéraire au Québec au cours des deux derniers siècles », *Voix et images*, vol. 27, n° 2 (80), hiver 2002, p. 303-316.

CLAVREUL, Jean, « Le couple pervers », in *Le désir et la perversion*, P. Aulagnier-Spairani, J. Clavreul, F. Perrier, G. Rosolato et J.-P. Valabrega (dir.), Paris, Seuil, coll. « Points », 1967, p. 91-126.

COX, Stéphanie et Jung-Hwa Rosa HONG, « Les enfants de Pitsémine : le texte comme patrie chez Ook Chung et chez Ying Chen », *Québec Studies*, Special Issue, Fall 2012, p. 37-52.

DUCHET, Claude, « Pour une socio-critique. Variations sur un incipit », *Littérature*, n° 1, février 1971, p. 5-14.

DUPUIS, Gilles, « Les écritures transmigrantes. Les exemples d'Abla Farhoud et de Guy Parent », in *Littérature, immigration et imaginaire au Québec et en Amérique du Nord*, Daniel Chartier, Véronique Pepin et Chantal Ringuet (dir.), Paris, L'Harmattan, coll. « Études transnationales, francophones et comparées », 2006, p. 259-273.

DUPUIS, Gilles, « Identités transmigrantes : le devenir des écritures migrantes au Québec », *Oltreoceano*, vol. 7. 2013, p. 83-92.

DUPUIS, Gilles, « La fin d'un cycle ? *La rive est loin* de Ying Chen », in *À la carte. Le roman québécois (2010-2015)*, Gilles Dupuis et Klaus-Dieter Ertler (dir.), Francfort, Peter Lang, 2017, p. 83-93.

DUPUIS, Gilles, « Un revenant de l'*autre* Amérique : *Blessures* de Ying Chen », in *Transculture, société et savoirs dans les Amériques*, Adina Balint et Daniel Castillo Durante (dir.), Francfort, Peter Lang, coll. « Canadiana : 19 », 2017, p. 145-157.

GU, Ming Dong, « The Filial Piety Complex : Variations on the Oedipus Theme in Chinese Literature and Culture », in *Freud and the Far East. Psychoanalytic Perspectives on the People and Culture of China, Japan, and Korea*, Salman Akhtar (dir.), Plymouth (UK), Jason Aronson, 2009.

HAREL, Simon, « Poétique de la politique », in *La Transculture et* ViceVersa, Fulvio Caccia (dir.), Montréal, Triptyque, 2010, p. 113-129.

HASTINGS, Valérie Françoise, « Espèces de glissement. Métamorphose et porosité de la frontière entre l'homme et l'animal dans *Espèces* de Ying Chen », *Nouvelles Études Francophones*, vol. 31, n° 2, automne 2016, p. 66-85.

JOUËT-PASTRÉ, Danielle, « Entre l'attrait et l'aversion des origines : *Le Mangeur* de Ying Chen », *Québec Studies*, Special Issue, Fall 2012, p. 21-35.

LAMBERT-PERREAULT, Marie-Christine, « Rhétorique culinaire dans *Le Mangeur* de Ying Chen », in *Traits chinois / lignes francophones*, Rosalind Silvester et Guillaume Thouroude (dir.), Montréal, Les Presses de l'Université de Montréal, coll. « Sociétés et cultures de l'Asie », 2012, p. 176-192.

LAPOINTE, Martine-Emmanuelle, « “Le mort n’est jamais mort”. Emprise des origines et conceptions de la mémoire dans l’œuvre de Ying Chen », *Voix et Images*, vol. 29, n° 2 (86), hiver 2004, p. 131-141.

LAPOINTE, Martine-Emmanuelle, « Disparaître ? », *Voix et Images*, vol. 34, n° 3 (105), 2009, p. 124-128.

LAURIN, Danielle, « Anne Hébert existe, je l’ai rencontrée », *L’Actualité*, 1 mai 1998.

L’HÉRAULT, Pierre, « L’intervention italo-québécoise dans la reconfiguration de l’espace identitaire québécois », in *Italies imaginaires du Québec*, Carla Fratta et Élisabeth Nardout-Lafarge (dir.), Montréal, Fides, coll. « Nouvelles études québécoises », 2003, p 179-202.

LORRE, Christine, « Qui dit “je” dans *Le Mangeur* de Ying Chen ? Une lecture entre psychanalyse et pensée chinoise », *Nouvelles Études Francophones*, vol. 24, n° 1, printemps 2009, p. 19-30.

MOSER, Walter, « Transculturation : métamorphoses d’un concept migrateur », in *La Transculture et* ViceVersa, Fulvio Caccia (dir.), Montréal, Triptyque, 2010, p. 33-59.

NAUDIN, Marie, « Malaises et délires généalogiques dans *Immobile* de Ying Chen », *Études francophones*, vol. 16, n° 2, 2001, p. 41-47.

NEPVEU, Pierre, « Qu’est-ce que la transculture ? » *Paragraphes*, n° 2, 1989, p. 16-31.

NEPVEU, Pierre, « *Vice Versa* ou la déstabilisation des lettres québécoises », in *Le projet transculturel de* Vice Versa, Anna Paola Mossetto (dir.), Bologne, Pendragon, 2006.

OLLIVIER, Émile, « Quatre thèses sur la transculturation », *Cahiers de recherche sociologique*, Vol. 2, n° 2, septembre 1984.

PARENT, Anne Martine, « Origines manquantes, origines en trop : héritage et filiation dans l’œuvre de Ying Chen », in *Relations familiales dans les littératures française et francophones des XXe et XXIe siècles*, Murielle Lucie Clément et Sabine Van Wesemael (dir.), Paris, L’Harmattan, 2008, p. 287-294.

PARKER, Gabrielle, « À mi-chemin entre deux mondes : parcours féminins chez Ying Chen », *Relief*, vol. 2, n° 5, 2011, p. 75-87.

PARKER, Gabrielle, « Ying Chen : “un écart indicible” », in *Traits chinois / lignes francophones*, Rosalind Silvester et Guillaume Thouroude (dir.), Montréal, Les Presses de l’Université de Montréal, coll. « Sociétés et cultures de l’Asie », 2012, p. 141-158.

PARKER, Gabrielle, « Poétique de la distance : deux approches contrastées, Ying Chen et Aki Shimazaki », *International Journal of Francophone Studies*, vol. 16, n° 3, décembre 2013, p. 303-327.

PORRET, Véronique, « La féminité est-elle subversive ? D’une psychanalyse française à une psychanalyse chinoise », *La maternité et la féminité*, premier séminaire du Centre psychanalytique de Chengdu, avril 2007, p. 1-6 : http://www.lacanchine.com

PRUTEANU, Simona Emilia, « Ying Chen et l'entre-deux scriptural : des *Lettres chinoises* à *Immobile* », *Voix plurielles*, vol. 2, n° 5, p. 73-79.

RODGERS, Julie, « La dualité de l'être chez Ying Chen », *Dialogues francophones*, n° 17, 2011, p. 81-91.

RODGERS, Julie, « "Comment peut-on être *moi* quand on est *Mère* ?" Une étude de la maternité dans *Un enfant à ma porte* (2009) de Ying Chen », *International Journal of Canadian Studies / Revue internationale d'études canadiennes*, n°s 45-46, 2012, p. 403-416.

RODGERS, Julie, « "On s'occupe du multiple, on tourne le dos à l'unité" : Ying Chen and Nomadic Figurations of the Subject », *Québec Studies*, n° 59, Spring/Summer 2015, p. 51-69.

ROSOLATO, Guy, « Étude des perversions sexuelles à partir du fétichisme », in *Le Désir et la perversion*, P. Aulagnier-Spairani, J. Clavreul, F. Perrier, G. Rosolato et J.-P. Valabrega (dir.), Paris, Seuil, coll. « Points », 1967, p. 7-52.

SILVESTER, Rosalind, « Le récit de vie(s) : immobility and fluidity in Ying Chen's works », *Forum for Modern Language Studies*, vol. 43, n° 1, 2007, p. 57-68.

SILVESTER, Rosalind, « Ying Chen and the Non-Lieu », *Modern Language Review*, n° 106, 2011, p. 407-422.

SILVESTER, Rosalind, « De l'individuel à l'universel : *Un enfant à ma porte* de Ying Chen », in *Traits chinois / lignes francophones*, Rosalind Silvester et Guillaume Thouroude (dir.), Montréal, Les Presses de l'Université de Montréal, coll. « Sociétés et cultures de l'Asie », 2012, p. 159-175.

SING, Pamela V., « Migrance, sensorium et translocalité chez Ying Chen et Kim Thúy », *International Journal of Francophone Studies*, vol. 16, n° 3, décembre 2013, p. 281-301.

TALBOT, Émile J., « Conscience et mémoire : Ying Chen et la problématique identitaire », *Nouvelles Études Francophones*, vol. 20, n° 1, 2005, p. 149-162.

TASSINARI, Lamberto, « Sens de la transculture », in *Le projet transculturel de "Vice Versa"*, Anna Paola Mossetto (dir.), Bologne, Pendragon, 2006, p. 17-29.

VIART, Dominique, « Filiations littéraires », in *Écritures contemporaines 2 : États du roman contemporain*, Caen, Minard, coll. « Lettres modernes », 1999, p. 115-139.

YANG, Ziyan, « La figure de réincarnation, la sinité pulvérisée et l'identité hybride dans la "série fantôme" de Ying Chen », *International Journal of Francophone Studies*, vol. 16, n° 3, décembre 2013, p. 329-352.

FILMS

BERGMAN, Ingmar, *De la vie des marionnettes*, Suède, 1980, 104 min.
BERGMAN, Ingmar, *Persona*, Suède, 1966, 80 min.
BERGMAN, Ingmar, *Le Septième Sceau*, Suède, 1957, 96 min.
BERGMAN, Ingmar, *Sonate d'automne*, Suède, 1978, 99 min.
DUFAUX, Georges, *Voyage illusoire*, Canada, 1997, 52 min.
DURAS, Marguerite, *Le Camion*, France, 1977, 80 min.
WACHOWSKI, Lena et Lilly, *The Matrix* (*La Matrice*), États-Unis, 1999, 136 min.

INDEX DES NOMS

TABLE DES MATIÈRES

Achevé d'imprimer par Corlet Numéric,
Z.A. Charles Tellier, Condé-en-Normandie (Calvados), en décembre 2020
N° d'impression : 169877 - dépôt légal : décembre 2020
Imprimé en France